MASCULINITÉ ?

Mathis Chevalier • Giovanni Delù
Eugène D. • Arthur Habib-Rubinstein
Sumit Kumar • Qiyue Liang
Benjamin Prescott La Rue
Anatole Tomczak • Raphaël Zyss

MASCULINITÉ ?

sous la direction de Charles Dantzig
avec Arthur Habib-Rubinstein

le courage

BERNARD GRASSET
PARIS

le courage

Collection dirigée par Charles Dantzig

ISBN 978-2-246-84011-4

Virilité / masculinité

Il est intéressant de voir prospérer un mot. « Masculinité » existe depuis longtemps, mais je ne l'ai pour ainsi dire connu que par son dérivé « masculin » qui désignait, quand j'étais adolescent et même jusqu'à récemment, une qualité applicable à l'habillement : un vêtement masculin en était un destiné aux hommes. Il y entrait parfois, à peine, une teinte d'approbation : « Une veste très masculine. » Je laisse ici commenter le flou du genre dans le lexique français, « une veste », féminin, « masculine », féminin quoique se rapportant à un objet d'homme. Le genre grammatical n'est pas tout à fait le genre social, tant mieux. L'imperfection du langage est un de ses charmes, et surtout notre protection : un langage parfait, où toute chose masculine serait au masculin, toute chose féminine au féminin, qui égaliserait tout mot à double genre (comme office, féminin dans le sens de cuisine) et ceux qui en changent au pluriel serait un langage totalitaire.

« Masculinité » n'était jamais employé. Je n'ai en tout cas aucun souvenir de l'avoir entendu jusqu'aux années 2010. Le substantif correspondant plus ou moins au sens qu'on lui donne actuellement était « virilité ». Il a disparu sans qu'on le note, comme toujours. Quelle puissance il avait eu ! Capitale, la virilité (autre mot féminin qui, etc.). Les garçons se devaient d'être virils. Cela restait inexprimé, puisque cela allait de soi, sauf pour ceux dont le comportement déviait du seul admissible : Gary Cooper, « *the silent strong type* ». Je me rappelle ma terreur de jeune adolescent se sachant gay qui devait à tout prix réfréner tout bondissement de la main, tout rire intempestif, toute démarche douteuse, enfin cette anarchie. J'ignorais où commençait le douteux, mais je le craignais en tout, connaissant l'arbitraire des juges. La virilité était une terreur imposée aux hommes autant qu'aux femmes, et peut-être davantage, dans la mesure où elle devait être assimilée et non simplement supportée.

Et puis toute cette culture populaire, toutes ces chansons, tous ces films, tous ces romans, tout ce Sardou, tout ce Bertrand Blier, tout ce Kipling. Il fallait « être un homme ». C'était dit, répété, enjoint. Je doute si l'on disait aux filles : « Tu dois être une femme. » Puisque c'était moins bien. On leur apprenait des ruses infâmes. (Être « féminine », mot englouti avec virilité quoique très différent : dans la virilité il y avait le mâle, dans la féminité il n'y avait pas la femelle.) La littérature moyenne des années 1900 à 1950 a été infectée de cette injonction. Avant cela, l'idée n'existait pas, je n'en vois pas mention dans Zola, ni dans Hugo, ni dans George Eliot, ni dans Dickens, ni dans aucun autre romancier recenseur. L'angoisse de devoir « être un homme » s'est insinuée pour plusieurs causes, sans doute : la défaite de 1870, qui s'est marquée par une expansion du poil chez les politiciens français, laissant pousser barbes et favoris jusqu'à ressembler à des colleys à écharpe tricolore ; les procès Wilde en 1895 ; la guerre de 14 et ses *poilus* ; le militarisme d'après-guerre ; le virilisme fasciste des années 1920 et suivantes, le stalinisme ouvriériste. Combien d'écrivains humanistes inquiets se sont-ils posé la question du devenir un homme, sans concevoir le mépris que cela induisait envers les autres ? Pauvres femmes ! Pauvres gays ! Pauvres hommes qui n'y avaient pas pensé ! Scoutisme universel !

Et puis boum. Virilité K.-O. d'un coup. Autre mot. Masculinité. Il est très commenté, presque exclusivement par des femmes, elles ont bien raison, elles la subissent. Les hommes ne la subissent pas moins. Quel est ce mot ? Qu'engendre sa déviation lexicale par rapport à virilité ? Je me suis dit qu'il serait intéressant de demander leurs aventures avec lui à des hommes qui ont grandi sous son ombre (les mots, ces parents, ces profs), de moins de quarante ans donc. De tous endroits, de tous milieux, de toutes sexualités. Qu'ils se racontent. Les laissant tranquilles, j'irai revoir le si affectueux *Comizi d'amore* de Pasolini (1964, assez vulgairement diffusé en France sous le titre d'*Enquête sur la sexualité*), où il dit : « Les Italiens manquent d'idées générales sur la sexualité. » Les hommes manquent généralement d'idées générales sur tout.

Charles Dantzig

Masculinité ? *est une conversation à neuf voix. Chacun prend la parole à son tour et se raconte parce qu'il se sait écouté.*

La discussion commence par une traversée en eaux profondes : un brise-glace canadien trace sa route, toujours la même, et ses marins s'accrochent à leur ethos masculin comme à une bouée de sauvetage. Benjamin Prescott La Rue, marin lui-même, raconte cette sociabilité si particulière, si loin des clichés sur la liberté qu'offrent les mers. Voici les jardins : Giovanni Delù, jardinier, raconte les inquiétudes qu'a provoquées chez lui son rôle masculin, de la table familiale où il a pris la place de son grand-père décédé au château de Versailles où il travaille aujourd'hui. À ses inquiétudes, Anatole Tomczak, qui est traducteur littéraire, réplique par la honte. Honte de ne pas être assez viril, honte d'être un garçon qui aime les garçons ; honte dont il s'est délesté en fréquentant les milieux queer. La honte, est-ce ce qui a poussé Mathis Chevalier… à refuser d'écrire sur sa masculinité ? Sa lettre de refus – refus de parler, refus d'écrire – dit peut-être beaucoup de ce qu'est l'expérience masculine, et d'abord parce qu'il nous a autorisés à la reproduire. C'est une manière de répondre.

« L'expérience masculine », cela relève du cliché. C'est peut-être pour lutter contre l'idée d'un masculin universel que nous avons collecté des récits. Qu'y a-t-il de plus personnel que l'autofabulation, suivant son mot, de Raphaël Zyss, qui travaille dans le cinéma, cette déviation de pensée où il s'imagine obsédé par la perte de son prépuce ? Ou que le témoignage d'Eugène D., qui est né et a grandi dans un milieu paysan, l'a quitté pour vivre sa sexualité sans entraves, puis l'a retrouvé et a inventé un mode de vie nouveau qui lui correspond pleinement ?

La masculinité est peut-être cette contrainte extérieure, faite d'injonctions à prétention universelle, théoriques, décorrélées de la vie et de la diversité des expériences. Sumit Kumar, d'origine indienne, raconte comment, à de nombreuses reprises, il a été renvoyé à une sexualité qui n'est pas la sienne sous le prétexte qu'il aurait des traits de caractère « féminins » – gentillesse, politesse, douceur. Qiyue Liang, d'origine chinoise, lui répond : dans son pays d'origine, où la norme est écrasante, son amitié pour les filles et son attirance pour les garçons ont rendu son enfance et son adolescence difficiles : il n'aurait pas été assez masculin ou, pour reprendre ses mots, aurait souffert d'un « manque » de masculinité. Quant à moi, qui conclus la discussion après l'avoir introduite ici, je raconte comment, pour l'enfant que j'étais, la masculinité n'a pas été une norme ou une contrainte morale, mais un corps et des désirs qui se sont imposés à moi par la contrainte physique ; comment, en grandissant, j'ai été stupéfait que mon corps change et prenne, d'une certaine façon, la forme du crime que j'avais subi.

Une discussion n'est pas une étude, ni un essai. Elle n'a de prétention ni à l'exhaustivité ni à la normativité. Il existe d'autres histoires, d'autres trajectoires, d'autres récits possibles ; il en existe sans doute autant qu'il y a d'hommes. Un lecteur en quête de réponses ne trouvera pas dans les pages qui suivent de conclusions générales : ni « la masculinité est ceci », ni « elle devrait être cela ! ». Ce genre de position s'élabore et s'écrit dans l'enfermement et n'accepte les autres qu'en tant que public, c'est-à-dire loin, autres. Comme s'ils pouvaient inquiéter. Nous avons préféré réunir des hommes autour d'une table, d'un livre, non pour théoriser, mais pour raconter. Voici nos histoires.

Arthur Habib-Rubinstein

Benjamin Prescott La Rue

La trajectoire des marins

Benjamin Prescott La Rue, né en 1990 à Montréal, est marin sur les brise-glace de la flotte canadienne. Il participe activement à la vie syndicale et associative de son milieu.

Les fleuves et les mers paraissent lisses et déserts, mais ils sont en fait des labyrinthes où s'emmêlent d'innombrables voies de navigation invisibles, connues et cartographiées depuis des centaines d'années. Les routes maritimes se déploient quelque part entre le fond et la surface, dans une substance qu'on appelle « l'eau libre ». En traçant une ligne sur une carte marine pour illustrer la trajectoire du navire, le navigateur tente de la rendre tangible, mais la route d'un navire est insaisissable. Aucune piste apparente ne le précède ni ne lui succède. Comme la turbulence créée par les hélices, la course du bateau se construit au même rythme qu'elle se défait.

Depuis bientôt sept ans, je navigue à bord de brise-glace canadiens et, malgré les icebergs, les fjords et les ours sur la banquise, ce qui me fascine le plus de ma job se trouve à l'intérieur du navire. Ce sont mes collègues. Avant d'être matelot, mes seuls contacts avec les marins ont eu lieu par les romans et les films. Les marins portent la marque des marginaux. L'aura des gens de la mer semble encore mieux ancrée en eux que leurs tatouages. On dit d'eux qu'ils sont de vraies brutes au travail et libres comme le vent. Mon expérience est tout autre. En devenant l'un des leurs, je m'aperçois que la liberté du marin peut être circonscrite à un périmètre bien défini. Quand j'étais terrien, je n'avais jamais été en contact avec des gars comme ça. Je ne m'imaginais pas me transformer en gars comme ça. Des gars qui n'ont peur de rien, sauf de tout ce qu'ils ne connaissent pas.

À bord des brise-glace, on mange des grilled cheese le lundi matin, des pains dorés le mardi, du baloney le mercredi, des crêpes le jeudi, des fèves aux lards le vendredi, des saucisses le samedi, des croissants au jambon ou une poutine déjeuner le dimanche. Chaque fois accompagnés d'œufs, de café et de bacon. La vie est routinière, les heures de travail coordonnées au quart de tour, les pauses repas suivent toujours le même horaire. Pendant quatre semaines le temps ne nous appartient plus, nous vivons au rythme prédéfini par l'armateur. Il y a un aspect logistique à la rigueur de cet horaire : il est beaucoup plus simple d'organiser le travail dans un cadre strict et prévisible. Je crois aussi qu'il y a une volonté de rassurer et de conforter les pauvres bêtes qui peuplent les navires. Ce sont des hommes qui marchent au sucre, au gras et au sel et dont le travail fait en sorte que le bateau progresse toujours plus loin, broyant toujours plus de glace pour libérer le passage aux navires marchands. Ce sont des hommes habitués à la solitude qui transportent des pièces lourdes et coupantes, qui différencient en un coup d'œil une bolt 7/16 d'une 1/2. Des hommes qui, écrasés dans leur fauteuil, ne se lassent jamais de regarder la même rediffusion du même épisode d'une série sur le mystère des pyramides d'Égypte (construites par les extra-terrestres) et qui fument chaque matin leur première cigarette à 5h25 dans le minuscule fumoir du bateau. À la manière des imposants navires auxquels ils dédient leurs carrières, leur quotidien est pris dans une telle inertie que plus aucun virage abrupt n'est possible.

Les hommes que je côtoie craignent les territoires non cartographiés. Ils veulent connaître le chemin à l'avance. Lorsque des marins discutent, les sujets de débat, comme la politique, et les enjeux sociaux appartiennent à la catégorie des eaux inconnues. Ce sont des voies tortueuses remplies d'imprévu sur lesquelles on ne leur a jamais enseigné à naviguer. Leurs pères ne leur ont légué que la valeur du travail et leur fonction d'exécutant les éloigne de la pensée critique. Lorsqu'on prête l'oreille aux conversations dans le mess de l'équipage, on entend des propos d'une rare violence. Femmes, autochtones, immigrants, trans, tous sont roulés dans la boue de leur paroles. L'intolérance a su devenir un lieu sûr où chacun peut placer une parole sans craindre d'être remis en question. Mon bateau est le *safe space* de la haine.

À l'exception des postes de steward et de magasinière, les femmes se font rares. Derrière les rideaux tirés des cabines, où l'on boit de la bière chaude que l'on tient cachée au fond des tiroirs, on se confirme entre hommes que les femmes n'ont pas leur place sur le pont ou dans l'engin. On fait semblant d'être ouverts d'esprit, mais on précise à voix basse que certains impératifs du métier de marin empêchent la présence des femmes. Ce soir, mon collègue Matt nous confie que même si une fille forte et connaissante s'ajoute à l'équipage, elle risque de mettre de la bisbille. Si elle couche avec un gars ça va foutre la marde. C'est bien plus simple d'être entre gars. On peut dire ce qu'on veut quand il n'y a pas de fille dans l'équipe. De toute manière, celles qui viennent ont toutes l'air gouines ! Les gars éclatent de rire, moi aussi. Thibodeau, le matelot le plus drôle et le plus colérique du groupe, ajoute que les filles peuvent bien aller travailler sur les voiliers, des bateaux de « poètes » que les gaspésiens appellent ironiquement des *boats à guenilles*. Même un gay, pas trop tapette, ferait plus l'affaire qu'une fille. Les gars me regardent du coin de l'œil. Ils veulent faire comme si ça ne me concernait pas vraiment, avoir l'air détendu en disant ça. Parce qu'ils me l'ont déjà dit : « C'est bon, pour un gay, tu fais pas fif. » La conversation repart sur les homos : on sait tous que, dans le temps, beaucoup de marins étaient gays. Je répète « dans le temps… » en me disant que, pour eux, l'image homoérotique des marins, c'est un vieux problème qu'ils ont su régler.

Je sens que plusieurs de mes collègues sont frustrés. Je ne sais pas encore par quoi exactement. Comme une blessure secrète qu'ils cacheraient avec des grognements. Je suspecte que la colère serve de véhicule à toutes leurs émotions. Être en criss les canalise dans un cadre non-féminin. Un coup de pied sur un baril de fuel sera toujours mieux perçu par un marin que de vivre sa tristesse ou sa peur en public. Les signes de vulnérabilité sont proscrits.

Mon premier capitaine était un petit homme obsédé par sa domination sur les autres. On devait l'appeler « commandant », même à l'extérieur du travail. Il parlait de lui-même à la troisième personne, « Ça te dérange pas de partager la salle d'entraînement avec le commandant ? » Tout lui appartenait sur le navire. La plus belle chaise, les meilleures jumelles, les bonnes blagues, les femmes. Dès qu'une jeune femme montait à bord, souvent une scientifique ou une infirmière, tout le monde savait que lui parler équivalait à une déclaration de guerre. Et une guerre contre un capitaine, ça se perd. Dans la timonerie, j'observais les comportements de ce petit homme à l'œil inquisiteur. Je voyais un gamin dans la cour d'école à qui on a conféré une position d'autorité et qui bombe le torse pour le signifier à tous.

Il prenait beaucoup de risques aux commandes du bateau et on devait toujours tenir les moteurs au maximum de leur capacité. Une fois, pour prouver à quel point il avait confiance en son navire et pour impressionner une scientifique, il a foncé tout droit dans un iceberg. L'extrémité pointue de la coque – le couteau – faite pour grimper sur la glace et l'écraser, a résisté à l'impact, mais le navire s'est arrêté d'un coup sec, entraînant une terrible secousse à bord. Un assistant mécanicien a déboulé les escaliers et s'est gravement blessé au dos. Personne n'a porté plainte de peur de représailles de la part de ce capitaine qui fut, ce soir-là, baptisé *Titanus* par l'équipage.

Titanus exerce une domination violente. Il nous rappelle souvent qu'il gagne plus d'argent que nous, qu'il peut nous faire congédier d'un simple coup de téléphone et qu'il a déjà été matelot, mais qu'il a su gravir les échelons, lui. Titanus a fait ses devoirs et intègre tous les codes de la masculinité dans son comportement. Dès mes premières semaines de travail sur son navire, j'ai remarqué que malgré tous ses efforts, il n'avait acquis le respect de personne. J'étais nouveau et tentais moi-même de gagner un peu de considération de la part de mes collègues. Je mettais le plus d'ardeur que je pouvais à mon travail, je ne rouspétais jamais et je m'efforçais à rire des blagues des anciens. Personne ne m'encourageait, jamais on ne m'a dit : c'est bien, tes efforts sont appréciés. J'ai décidé de continuer à travailler fort, d'obéir aux ordres et de ne rien attendre en retour, de me soumettre entièrement à la mécanique du travail. Je ne sais pas l'impression que j'ai faite à mes collègues au début. Il me semblait toujours n'être pas assez bon, pas assez rapide, mais ce n'était qu'une impression, personne ne me disait rien. On me jaugeait. C'est progressivement, presque imperceptiblement, que j'ai remarqué que mes collègues me parlaient différemment. Un jour, ils m'ont invité à prendre une bière dans une cabine. Est-ce que le respect à bord des navires se gagne plus aisément par la soumission que par la domination ?

J'ai compris que tant que t'es nouveau, on te parle au minimum. On ne te pose pas de question. Ce qui importe, c'est montrer que tu sais travailler, que t'as du cœur au ventre. Récemment on a accueilli une nouvelle recrue, Billy. Jusqu'à présent, c'est un sans-faute. Il a de l'expérience sur les bateaux. Il ne dit pas un mot. Il rit aux blagues cochonnes. Il a l'air d'un vrai travaillant. On le fait piquer la rouille sur le pont des embarcations bâbord et jamais tu n'entends son marteau s'arrêter. Il faut aller lui taper sur l'épaule pour qu'il vienne prendre sa pause dîner avec nous. C'est toujours bon signe quand un gars pose pas trop de questions et fait juste s'enligner sur son travail. C'est pas de la sorcellerie qu'on fait : prends ton marteau pis fais exploser les galettes de rouille. À la fin de la première journée, tout le monde se dit à l'oreille que le gars est une machine, qu'il a pratiquement fait le double de l'ouvrage des deux autres avec qui il travaillait. À lui, on ne lui dit rien. Personne n'a félicité Billy pour son travail et moi non plus. Ça aurait pu vouloir dire que nous, on n'était pas assez rapides, qu'il était meilleur. Et puis on se dit que c'est sa job, on ne commencera pas à distribuer des bravos puis des mercis à toutes les fois qu'un gars fait sa job.

Même s'il est maître à bord, le capitaine ne possède pas son navire. C'est un gérant de succursale qui gère les opérations locales. Le reste de l'équipage, lui, comme des employés d'une multinationale, ne rencontrera jamais leur véritable boss, celui à qui leur travail profite. Dans le milieu maritime, le grand patron c'est l'armateur. Pour les marins, le propriétaire de la flotte est un fantôme qu'ils voient surgir un jour à bord du navire pendant un chargement et qui disparaît aussi rapidement. C'est pour lui qu'ils manquent l'anniversaire de leurs enfants (dont ils ont perdu la garde), qu'ils se blessent au genou et qu'ils perdent contact avec leurs amis. Quand ils font une grosse journée d'ouvrage, l'armateur ne vient pas leur taper dans le dos. Il ne perd pas son temps à se présenter aux matelots et aux officiers de navigation, à leur dire bravo et merci. Il les paie. Content de leur place dans le monde, les marins s'achètent des pick-up usagés qu'ils ne conduiront presque jamais pendant que l'armateur encaisse des profits astronomiques qu'il accumule pour sa descendance.

Comme la plupart des gars, Billy n'a pas de blonde. Au break, des collègues nous expliquent qu'il faut faire attention avec les filles, que souvent elles veulent juste profiter de notre argent. Faut vraiment pas les habituer, pas trop payer pour elles. Elles ont voulu l'égalité des sexes, le féminisme, eh bien c'est ça, on paiera pas pour leur restaurant et leurs maudits meubles de salon. Le mieux ça serait d'être gay, comme ça tu peux acheter ton skidoo, ton quatre-roues pis ta .308 Winchester à deux, ça revient moins cher. Les gars sont fiers de leur joke, ils se sentent inclusifs. Le maître d'équipage nous dit que le break est fini, qu'on doit retourner travailler.

L'horaire de travail ne permet pas vraiment d'avoir de hobby sérieux. On travaille tous les jours, au minimum 12 heures par jour et on essaie de dormir ce qui reste, sinon on boit. Le bar à bord de notre navire est un anachronisme béni par l'équipage. Alors que tous les armateurs internationaux ont banni l'alcool depuis de nombreuses années, nous avons un grand salon dédié à la consommation de bières. Les gars s'enfilent les canettes à un rythme régulier, dans des mouvements répétitifs, connus, presque cérémoniaux. Chacun a sa sorte et ses habitudes. Thibodeau prend de la Bud et il ne faut jamais l'ouvrir pour lui, sinon il ne la boit pas. Il essuie toujours le dessus de la canette avec son T-shirt avant de l'ouvrir. Pour Matt c'est de la Labatt 50 et il retire systématiquement la petite goupille, qu'il lance à la poubelle comme un ballon de basket. Ce qui pousse les marins à se rassembler au bar est d'une part l'alcoolisme, mais aussi l'opportunité de démontrer qu'on n'est pas affecté par notre grosse journée d'ouvrage, qu'on a encore de l'énergie, qu'on aurait pu chaîner encore de nombreux conteneurs sur le pont sans problème, qu'on est capable d'en faire au moins autant que les autres, sinon plus. Quand un collègue ne se présente pas au bar le soir, on commence par montrer de l'empathie envers sa fatigue, montrer qu'on est bons joueurs et qu'on comprend pourquoi il a besoin de se reposer ce soir. Mais le fond de notre regard est moqueur et fier. Nous, on est là. Billy, Thibodeau, Matt et moi, on va prendre encore plusieurs bières, jusqu'à ce qu'on se mette à rire et alors il sera tard et déjà il ne restera que quatre heures avant la prochaine journée de travail. Et demain matin, à 5 h 25, on fumera notre cigarette avant d'aller sur le pont en tentant de faire croire aux autres qu'on n'a pas mal à la tête, qu'on aurait pu descendre encore de nombreuses bières, qu'on est capable d'en prendre au moins autant que les autres, sinon plus. Il n'y a pas plus grande noblesse pour un marin que de détruire son corps impassiblement.

C'est pour nos collègues que nous nous usons le corps. Par orgueil, nous feignons l'indifférence au froid, à la pluie, au danger. Nous portons nos vieux habits et nos équipements avec fierté. Notre culture écrase les femmes, toutes celles et ceux qui refuseraient de s'y soumettre. Notre culture nous magane et nous tue. Après quoi notre employeur embauchera un nouveau matelot comme on remplace le petit soldat de plastique que l'on a écrasé accidentellement.

Alors que l'on pourrait croire à une dérive, notre lente trajectoire se vit entre le fond et la surface, accrochée à la ligne masculine tracée à l'avance pour nous sur la carte.

Giovanni Delù

Les incertitudes de la masculinité

Giovanni Delù, né en 1992 à Moncalieri, dans le Piémont, est chef jardinier adjoint au château de Versailles. Depuis 2016, il est jardinier d'art spécialisé en jardins et parcs historiques et créateur du jardin du parfumeur.

Dans ma famille je suis le seul garçon de ma génération, le seul qui peut faire avancer la ligne de sang. J'étais la fierté de mon grand-père paternel et je porte son prénom, Giovanni. Je me rappelle qu'il me montrait à ses amis au bar du village (il m'y amenait dès que possible). Commerçant de bovins qui possédait des terres, c'était un homme simple qui avait mis dans son petit-fils ses espoirs de transmission. Jusqu'à son dernier souffle il a essayé de m'apprendre ce qu'il savait pour me préparer à la suite et devenir l'homme de famille. La seule exception, sa langue, le dialecte piémontais. Il le jugeait trop campagnard et nous forçait à parler en italien. Je me souviens qu'il m'amenait dans le potager et me faisait jouer à prendre, voire écraser, les doryphores qui attaquaient nos pommes de terre.

Ma grand-mère paternelle était une femme d'intérieur. Elle préparait de somptueux repas et s'occupait de nous tous les jours pendant que nos parents étaient au travail. Je ne l'ai connue qu'alignée parfaitement sur les stéréotypes de la femme au foyer alors même que, plus jeune, elle gérait une laverie et avait une forme d'indépendance. Je n'ai jamais vraiment su ce qu'elle pensait de cette évolution.

À sa table, les places étaient fixes et bien définies : en tête mon grand-père, à sa droite mon père et à gauche ma grand-mère, à la suite mes sœurs, l'une en face de l'autre, et enfin moi, à l'autre extrémité. Au décès de mon grand-père, ma grand-mère a décidé que je serais celui qui hériterait de sa place, que j'aurais mon père à ma droite. Cela m'avait énormément étonné, bien que m'eût rendu très fier et m'eût créé des années de litiges avec ma sœur aînée, qui revendiquait la place en tant qu'aînée. La réaction de ma sœur était compliquée à comprendre parce que, selon l'éducation que j'avais reçue, cette place aurait dû être attribuée à mon père puis à moi, mais jamais à elle. Ma grand-mère n'a jamais vraiment justifié son choix à part un pur et simple « c'est ainsi ». Elle ne s'est jamais non plus mêlée du conflit avec ma sœur aînée. Je ne sais pas si mon père lui en a jamais parlé. De mon côté, j'étais attaché à cette place que j'avais acquise : depuis tout petit j'avais l'ambition de remplacer mon grand-père. Obtenir sa place serait un accomplissement. Cette pensée, bien qu'elle ait évolué en grandissant, reste ancrée en moi. Encore aujourd'hui, les places à table sont bien définies, selon un ordre hiérarchique.

J'étais devenu un homme de la famille à la maison mais je n'en menais pas large dès que j'en franchissais la porte. Toutes mes amies commençaient à avoir des petits copains. À l'aise avec les femmes, j'avais passé mon enfance entouré de copines. D'un coup travaillées par leurs hormones, si je puis dire, elles commençaient à s'intéresser différemment aux garçons. Moi, j'étais là et j'avais l'impression de les avoir perdues.

J'aurais aimé pouvoir leur plaire mais je n'étais pas très beau et, surtout, ne savais pas comment faire. J'arrivais de la campagne et cela ne rendait pas les choses faciles, bien au contraire.

Je ne suis jamais arrivé à parler de sexualité avec mon père, trop gêné de ce que je vivais comme une faiblesse : un homme ne pouvait pas être faible. J'en étais à croire qu'un homme ne devait rien craindre, pas même les chatouilles. En parler avec ma mère était hors de question. J'étais vraiment perdu : je ne comprenais pas comment j'avais pu devenir homme sans que personne ne me l'explique. Je suis tombé amoureux d'une fille et, avec beaucoup de persévérance et d'insistance, j'ai réussi à la conquérir. J'emploie ce terme avec distance, mais c'est effectivement celui qui décrit le mieux la sensation que j'ai eue quand nous nous sommes embrassés pour la première fois.

Enfin, je me sentais un peu masculin ! Je pouvais m'asseoir à la table des hommes, au nez et à la barbe de mes camarades qui n'avaient encore jamais touché une fille. Je prenais mon scooter et faisais des allers-retours sans arrêt, pour la voir, pour me montrer. Je voulais être le petit copain exemplaire, *l'homme exemplaire*. Je visais un idéal dont je ne sais toujours pas d'où il vient, car aucun homme autour de moi se comportait ainsi. La relation se détériorait. Je l'ai vécu comme un échec, je ne savais pas comment le gérer, comment réagir. Plus le temps passait, plus j'avais l'impression que ma virilité rétrécissait.

Nous nous sommes quittés, j'ai décidé de partir aux États-Unis. Pendant le séjour, mes parents ont divorcé. Ma première pensée a été pour ma petite sœur, je ne voulais pas qu'elle se sente abandonnée. Mes parents et ma grand-mère m'avaient appris que je devais en prendre soin et la protéger. Elle était une fille, *a priori* faible, et avait besoin de la protection d'un frère, d'un homme. Je me sentais indispensable et j'ai décidé de retourner en Italie. En rentrant à la maison, je me suis rendu compte que j'avais quelque tort, qu'elle n'était pas aussi faible que je le pensais mais elle avait besoin de son frère, comme moi de ma sœur (cela je peux l'admettre aujourd'hui mais à l'époque pour rien au monde je n'aurais parlé de cette « faiblesse »).

Peu de jours après la conclusion du divorce, ma grand-mère maternelle m'a pris à part et expliqué, angoissée, que j'étais désormais le seul homme de famille et que je devais veiller sur elle, ma sœur et ma mère. J'avais seize ans, une montagne tombait sur mes épaules. Je me suis senti à la fois mâle et écrasé. Ma mère et ma sœur n'étaient pas au courant de cette discussion. Quand je leur en ai parlé, quatre ans plus tard, elles se sont révoltées. L'idée que mes choix n'étaient pas seulement dictés par le sentiment mais par une conception patriarcale de la famille et de la société leur était insupportable, surtout dans une famille comme la nôtre où la matrice était matriarcale. Oui, du côté de ma mère, les femmes ont toujours tenu les rênes de la famille. Mon arrière-grand-mère avait défié un préfet fasciste de Mussolini en refusant de lui donner son alliance pour financer la guerre. Elle lui a opposé qu'il n'allait pas à l'église et ne respectait pas le sacrement du mariage. Ma grand-mère a fait un mariage d'amour. Je passais toutes mes vacances chez mes grands-parents maternels et je me souviens de la voir gérer le foyer et son budget pour que rien ne manque. Certes, chacun devait se tenir à son rôle, et mon grand-père assurait une masculinité de représentation s'il fallait élever le ton ou s'opposer à une administration, mais les décisions étaient prises ensemble et ma grand-mère avait souvent le dernier mot, à l'abri des coulisses. Issue d'une telle ligne de sang, ma mère ne pouvait pas être très différente. Elle est indépendante, a beaucoup voyagé et souvent seule. Au contraire de sa mère, elle n'était pas reléguée aux coulisses. Sans doute une question de génération.

Le temps passait, avoir des responsabilités ne me suffisait plus. J'arrivais à la vingtaine et, sans m'en rendre compte, mes intérêts changeaient, comme les filles autour de moi. Ma nouvelle façon de me sentir homme et viril était de faire le Casanova. L'idéal d'un seul et unique amour pour la vie était désormais perdu. L'échec de ma première relation m'avait profondément marqué, au point de douter que l'on puisse s'aimer et être heureux en couple très longtemps. J'habitais encore chez ma famille et ma grand-mère vérifiait toujours si j'avais bien été payé. Elle continuait à me préparer le café tous les matins ; ma mère me considérait toujours comme son garçon, sur lequel elle pouvait compter. C'est à ce moment-là que j'entrais en conflit avec mon père, j'établissais une sorte de compétition et je voulais lui démontrer mon indépendance et ma force. Pendant des années j'avais souffert de son indécision et de son manque d'autorité. Je n'en ai jamais tout à fait compris les raisons. Depuis l'événement des places à table il n'était toujours pas rentré dans le stéréotype de l'homme de famille qui était si important pour moi. J'étais déterminé à ne plus le tolérer, je voulais que les choses soient comme je les imaginais ou, peut-être, les rêvais. Pendant longtemps, il n'a jamais pu, à mes yeux, en faire assez. Ce sentiment a existé jusqu'à ce que je réalise que, m'étant construit en partie contre lui et ce qu'il représente, je lui dois beaucoup de l'homme que je suis.

L'envie d'être autonome m'a poussé à chercher un travail plus stable que le service dans les restaurants les week-ends. Si, à l'époque, quelqu'un m'avait dit que je deviendrais jardinier, je ne suis pas sûr que je l'aurais cru. C'est un métier étonnant, traversé par des stéréotypes antagonistes : les fleurs et le minutieux travail du jardin sont associés au féminin ; le travail de la terre, du bois et l'entretien de la pelouse au masculin. Ce sont les deux faces d'une même médaille et la promesse que tout le monde peut trouver sa place dans ce métier. Mon travail nourrissait chez moi le sentiment d'être viril, aidé par une nouvelle relation sérieuse et des projets d'adulte. J'éprouvais le puissant sentiment de devenir un homme.

Mais ce sentiment a été bousculé par des difficultés intimes. Ma compagne avait, dès que nous tentions de faire l'amour, des douleurs insupportables. Nous consultions de nombreux spécialistes, sans solution. J'en étais arrivé au point de ne plus vouloir la toucher par peur de créer une excitation qui déboucherait encore sur des douleurs. Je sortais de plus en plus démoralisé de chaque visite : le problème n'était jamais réglé et ces femmes docteurs me faisaient toujours me sentir coupable, comme si je mentais. J'ai dû passer entre les pires examens pour un homme. Un frottis à l'intérieur de mon sexe à plusieurs centimètres de profondeur avec une longue et fine tige en acier pyramidale : presque de la torture, pour aucun résultat. Nous avons découvert plus tard que ce type d'examens, très douloureux et compte tenu des problèmes, pas nécessaire, était plutôt prescrit par des médecins femmes, dont on pourrait se demander si elles ne sont pas guidées par de mauvaises intentions. En le découvrant, ma compagne s'est sentie coupable et la relation est devenue encore plus compliquée. L'amour existait encore mais je ne me sentais plus tellement à ma place à ses côtés. Nous nous éloignions. Le temps faisant son affaire, ces problèmes intimes ont disparu mais il était déjà trop tard pour nous. Intimité difficile, examens médicaux très violents, problèmes relationnels : je ne me sentais plus homme du tout. Pour couronner le tout, j'avais, à cause d'un accident de scie, perdu mon travail.

Dans ce moment de noir profond, je me suis accroché à l'idée qu'un homme devait, en toutes circonstances, réagir. Je me suis inscrit dans un cours pour me spécialiser en jardins et parcs historiques. C'est grâce à cette formation que j'ai pu effectuer le stage qui m'a mené à Versailles, d'où je ne suis jamais reparti. Arriver en région parisienne n'a pas été facile : j'ai découvert un monde que je ne connaissais pas, cosmopolite et ouvert, et j'ai été confronté au décalage entre ce monde et le mien, en particulier sur l'homosexualité. En Italie, je connaissais quelques gays, très peu, mais ici j'ai découvert un autre monde. Peut-être qu'il y a ici plus de liberté et d'ouverture d'esprit que dans ma campagne, peut-être que le monde de la culture et de l'art sont des espaces plus propices aux minorités, peut-être que le monde a changé et que je m'en suis pas rendu compte. Je ne sais pas. Je pense parfois que j'étais juste aveugle et ne remarquais pas la chose.

La première fois que j'ai été abordé par un homosexuel, il s'agissait d'un de mes supérieurs au travail, c'était une personne pour laquelle j'avais une grande estime, qui m'avait aidé énormément à mon arrivée en France. Je lui étais en quelque sorte redevable. Un jour, à la fin de la journée de travail, dans une partie du jardin très romantique, il s'arrête et fait son *coming out* auprès de moi mais aussi pour moi. J'étais déstabilisé. Comment dois-je lui répondre ? et s'il le prend mal, mon aventure à Versailles devra-t-elle se terminer ? pourquoi me fait-il des avances alors qu'il sait très bien que j'aime les filles ? Je ne voulais pas le blesser et j'avais peur de perdre mon travail. Pour la première fois de ma vie, un désir, un sentiment amoureux touchait quelqu'un avec qui je travaillais, et même quelqu'un pour qui je travaillais. La panique. Je décidai de répondre honnêtement : je n'étais pas intéressé. Pendant quelque temps, cela a clos la question mais quelque chose avait déjà changé, nos échanges n'étaient plus aussi fluides et nous nous sommes éloignés l'un de l'autre. Je le justifiai en pensant à tous les râteaux que j'avais pris, à la douleur, l'humiliation et à la difficulté de reprendre le cours normal de la relation. Après quelque temps, la situation a changé, il me relançait et insistait, de plus en plus : « Mais pourquoi tu ne veux pas, tu n'as jamais essayé, tu devrais essayer, cela te plaira, tu es trop fermé. » J'étais très perturbé : je n'avais pas l'intention de changer mes goûts mais j'avais peur de perdre ce travail… que j'aimais de plus en plus. Nous nous éloignions, je lui en voulais, lui aussi je crois, l'amitié se délabrait, et il insistait. Vivre quelque chose qui relevait d'un harcèlement sexuel m'a fait réfléchir. Je me trouvais dans une situation familière à tant de femmes, mais il aurait été inconcevable de porter plainte. C'est un paradoxe du patriarcat : bien que la loi ne distingue pas l'homme de la femme, la société trouve ridicule qu'un homme n'ait ni la force ni la volonté d'agir ou de réagir. Encore plus, peut-être, s'il est harcelé par une femme. Je n'ai jamais mentionné ce harcèlement au travail : j'ai serré les dents et continué à faire comme si de rien n'était en cherchant un moyen de changer d'équipe et de responsable pour me libérer de cette situation qui était devenue un véritable fardeau.

Depuis mon arrivée en France j'ai été bien plus dragué par des hommes que par des femmes. Malgré le changement d'ère, les canons des règles de politesse de la société patriarcale restent la norme, et souvent même une norme appréciée. Je crois d'ailleurs qu'il y a de plus en plus une scission chez les femmes entre celles qui veulent complètement s'affranchir de cette norme et celles qui, au fond, aiment bien la masculinité telle que construite par les anciens principes. Les messages me semblent brouillés : on parle d'égalité en tous points mais je trouve par exemple impossible, au travail, de parler à une femme comme je parlerais à un homme. La peur est toujours là, surtout s'il y a un lien hiérarchique, qu'une parole de travers ou une embrouille trop violente ait des conséquences graves. Il y a quelque temps j'ai dû intervenir dans une discussion assez animée entre deux collègues de sexe opposé. Les enjeux professionnels mis à part, une phrase m'a choqué : lorsqu'elle me donnait sa version des faits, la femme a dit : « c'est parce que je porte une jupe ». C'était complètement hors de propos et tous les témoins de la dispute, en bonne partie des femmes, ont pris la défense de leur collègue masculin : ses propos et ses critiques étaient purement professionnels et à aucun moment n'avait été faite un référence au genre ou à la façon de s'habiller. Suite à ces témoignages, elle a reconnu avoir exagéré. À voir la facilité avec laquelle une telle accusation était tombée, mon sang s'est gelé. Voir comment cette personne, à l'occasion d'une dispute, s'est tout de suite placée dans la case de femme victime m'a un peu tourmenté.

En y réfléchissant, je trouve que les catégories nous font du mal. Je suis un immigré et pourtant, je n'aime pas être ramené à cette « case ». Je trouve les jeunes autour de moi perdus, ils cherchent tous une « case » où se mettre, sans savoir laquelle. Me demander si je suis plus un homme ou plus un immigré n'a pour moi pas de sens et je pense que ce serait une erreur, voire un piège, pour une femme ou une personne LGBTQ+, de ne se considérer qu'au prisme d'une catégorie. En tant qu'immigré, j'ai fait le choix de ne pas voir cette « case » que je n'acceptais pas, pour qu'il devienne possible de l'effacer. Je ne dis pas qu'il faut taire les discriminations, mais qu'elles doivent être dénoncées comme des préjudices aux personnes. Je ne suis pas d'accord pour dire que la masculinité serait un crime, c'est une catégorie, et les mâles ne l'ont pas choisi. Nous n'avons pas le droit de condamner un genre par le simple fait qu'il existe. L'égalité, pour être réelle, doit se jouer au présent et, quoi qu'on en pense, nous sommes des individus qui nous construisons à partir de représentations. Je me suis construit avec les représentations de la masculinité, et, sans elles, je ne serais pas la personne que je suis aujourd'hui.

Anatole Tomczak

Entre nous

Anatole Tomczak, né en 1992 à Paris, est traducteur. Il a entre autres traduit, dans la collection des Cahiers rouges chez Grasset, Le Portrait de Dorian Gray non censuré *d'Oscar Wilde et* Comment doit-on s'habiller ? *d'Adolf Loos.*

Je ne me rappelle pas plus un moment où j'aurais acquis la conscience d'être un garçon qu'un événement lors duquel je me serais rendu compte que j'étais blanc ou français. Aussi loin que je remonte dans mes souvenirs, il y avait le ciel et la terre, le chaud et le froid, les hommes et les femmes, le président était Jacques Chirac, je m'appelais Anatole et j'étais un garçon. Un petit garçon né à Paris dans les années 1990, portant salopette en jean et Campers, aux cheveux courts et, d'après les remarques des adultes, aux « bonnes » joues, dents et cuisses. Durant les premières années de ma vie, mon sexe ne m'a suscité ni inquiétude, ni joie ou intérêt particulier.

Le « masculin » et le « féminin » n'ont pas été des notions importantes de mon éducation, mes parents ne m'ont pas imposé des comportements supposés attachés à mon sexe. On ne m'a pas dit que les garçons étaient forts, ne pleuraient pas. Ma mère, dentiste, est issue d'une bourgeoisie parisienne se transmettant quelques meubles et le gaullisme, mais non la piété (le catholicisme ne s'est manifesté dans ma vie de famille qu'aux obsèques de mes grands-parents). Mon père, instituteur de gauche, est d'origine ouvrière, ses grands-parents ayant immigré de Pologne pour se faire embaucher dans les mines du Nord, au fond desquelles a travaillé à son tour mon grand-père. À part un crucifix à l'entrée du couloir, je ne me rappelle aucun signe de sentiment religieux chez mes grands-parents paternels. Si mes grands-parents, qui n'étaient pas avant-gardistes, avaient selon toute probabilité des idées de leur temps sur les hommes et les femmes, je ne les voyais pas assez souvent pour être affecté par leurs conceptions. Mon père préparait la plupart des repas, faisait le ménage autant que ma mère, était gentil. Il aimait le football, mais sur le canapé uniquement, et je me souviens que, en 1998, ma mère n'était pas moins passionnée. Celle-ci possédait peu d'attributs conventionnellement féminins. Les cheveux courts, le corps caché sous des jeans bouchonnants et des sweat-shirts (quand il fallait s'habiller, elle mettait un chemisier et à la limite quelques bijoux, je ne l'ai jamais vue en jupe ou en talons), heureuse seulement à vélo ou à ski, elle parlait fort et tyrannisait mon père, lequel la laissait prendre les décisions. Chez mes parents, la complémentarité traditionnelle des genres se résumait à cette répartition : il ouvrait les bocaux résistants, éloignait les araignées et allait voir lorsqu'il y avait soupçon de présence d'un intrus, elle était émotive et pensait aux petites choses permettant d'augmenter le confort matériel, par exemple quand il faut faire une valise. Ils ne réfutaient pourtant pas les rôles que la société et la culture ambiante attribuaient aux hommes et aux femmes. Super Mario et la princesse Peach, les déguisements de chevalier et de princesse, Indiana Jones et Bridget Jones, les Desperate Housewives et les Men in Black, les hommes de pouvoir et les femmes gracieuses, les costumes sombres et les robes flamboyantes, l'épilation féminine, les mères accompagnatrices des sorties scolaires, les publicités ne faisaient l'objet d'aucune discussion rectificative. Je jugeais ma famille médiocre : j'aurais voulu une mère coquette et douce, et un père aussi musclé et aventureux que celui de certains camarades. Bientôt, c'est moi que je mésestimerais.

Je me suis révélé un garçon hostile à l'effort physique, préférant dessiner et lire, parler et bouffonner. Ce n'était pas un problème. À la maison, la réussite scolaire était une valeur cardinale, la virilité non. Ma préférence pour la compagnie des filles, plus exactement leurs activités (j'aimais être avec les garçons pourvu que ce fût pour discuter et non taper dans un ballon), était fièrement expliquée par le fait que j'étais « sensible », « cérébral ». Après qu'un moniteur de ski leur eut dit : « Il faut le muscler, votre gamin, on dirait une fille », mes parents ont répété l'anecdote pendant des années avec délectation. Y avait-il dans cet empressement à y voir une preuve de ma supériorité et du bien-fondé du système de valeurs dans lequel ils m'avaient élevé (peut-être, d'ailleurs, construit à partir de moi, leur enfant unique, car ils auraient pu, je crois, différemment hiérarchiser les qualités intellectuelles et physiques si je m'étais épanoui dans le sport plutôt qu'à l'école, ou si j'avais eu un frère ou une sœur aux tendances autres), dans cette énergie presque exorcisante mise à rabâcher cette histoire, la compensation d'une gêne commençant à poindre dans leur esprit, la tentative de dissiper un doute quant à ce que j'étais ? Ils ont démontré au fil du temps une aptitude singulière à ne pas voir ce qui devenait évident.

S'ils m'assuraient qu'ils encourageraient toujours mes goûts, et à bien des égards le faisaient, peut-être faisais-je en sorte aussi de conformer ma conduite à ce que je pressentais être bienséant. Je n'aurais pas voulu embarrasser mes parents. Je commençais à le deviner, quelque chose de plus grave était à l'œuvre dans les rôles de genre que dans d'autres domaines des convenances. J'ai demandé pour Noël un Polly Pocket, modèle réduit de maison de poupées en plastique enfermé dans un boîtier pas plus grand qu'un poudrier. On m'achetait d'habitude sans discuter ce que je réclamais et les placards entiers de babioles abandonnées après deux utilisations n'avaient jamais posé problème, mais cette fois-là, mes parents m'ont dit qu'ils s'étaient concertés : bien sûr, rien ne s'y opposait dans l'absolu, cela dit, comment pouvais-je être certain de vouloir ce jouet ? Je n'en avais jamais eu entre les mains. Mon père en emprunterait un à son école, que je pourrais essayer. La raison de cette mesure exceptionnelle a-t-elle été explicitée ? Je ne m'en souviens pas, mais je devais percevoir l'incongruité de ma requête, les publicités de cette marque ne mettaient en scène aucun petit garçon. Mon père a donc annoncé à sa classe (il me l'a raconté en ces termes en me remettant l'objet, et je me souviens de ma gêne et comme cela a d'emblée anéanti mon plaisir) : j'ai un fils, il nous réclame un Polly Pocket ; avant de le lui acheter, nous aimerions vérifier si ça lui plaira... C'est ainsi que j'ai reçu en prêt la petite boîte rose d'une élève de mon père. Quel soulagement de la trouver ennuyeuse ! J'ai été heureux de pouvoir annoncer mon désintérêt à mes parents, satisfaits de voir leur précaution légitimée et, je l'imagine aujourd'hui, eux aussi soulagés.

D'après ce que j'en savais, les homosexuels étaient des gens ayant droit à la tranquillité (mes parents ont eu un couple d'amis gays chez qui nous avons dîné une ou deux fois), mais qui n'étaient pas nous. Pas moi. De manière aussi certaine et définitive que je n'étais pas inuit et ne le serai jamais. Un jour qu'elle jouait à me chatouiller, voyant que je réagissais particulièrement quand elle approchait des fesses, ma mère m'a dit : « Toi au moins, tu ne seras pas homo ! » J'ai tiré d'elle en guise d'explication je ne sais plus quelles notions sur la sexualité homosexuelle. Cette remarque avait-elle été motivée par la même angoisse et la même intention incantatoire qui faisait répéter à mes parents l'anecdote du moniteur du ski ? Je me souviens, cette fois encore, d'un soulagement : j'avais envie de croire à cette prophétie qui me protégeait, probablement car je me doutais déjà que quelque chose n'allait pas, ou pourrait ne pas aller en évoluant dans la mauvaise direction. Après tout, quand on m'emmenait aux magasins, j'étais obsédé par l'envie de découvrir ce que les mannequins en plastique masculins avaient dans leur pantalon. Plus d'une fois, à l'abri des regards, j'ai passé ma main par l'ouverture d'un short, abaissé une fermeture Éclair. Un jour une vendeuse m'a dénoncé à ma mère. Je me souviens seulement d'avoir eu honte. Je sais que j'ai eu très tôt des sentiments sexuels. Y compris, d'ailleurs, pour des filles, et même l'idée des femmes et de leur sexe – à cinq, six, sept ans ? –, et puis ça a disparu.

Le monde extérieur ne me montrait pas l'homosexualité comme quelque chose de plus envisageable. Il n'y avait pas d'homosexuel dans les dessins animés, les publicités, les films. Quelques « travelos », suivant le mot injurieux qui était employé, à la fonction de bouffon : dans *Le Père Noël est une ordure*, *Chouchou*... Stevie de *Loft Story* était probablement la seule célébrité gay que je connaissais, et si je reconnais maintenant son courage, je le jugeais alors superficiel et ridicule, conformément à la façon dont on le présentait et qu'il ne contredisait pas. La fameuse question présupposant l'hétérosexualité : « Alors, tu as une amoureuse ? » n'était pas plus remise en cause que l'insulte « pédé », appartenant depuis l'école primaire au répertoire des insultes les plus proférées. Lors d'une visite à de la famille à l'île de La Réunion, je devais avoir dix ou onze ans, ma mère a attendu d'être seule avec mon père et moi pour parler d'un cousin de dix-huit ans : « Je me demande s'il est pas homo. Il n'a pas de copine. Et tu as vu comment il tortille du cul ? » On a répondu à ma question sur cette expression par une explication sur la prétendue démarche homosexuelle. Je me suis dit : et toi, à son âge, auras-tu une copine ? La démarche, par contre, cela me semblait facile. J'aimais jouer des rôles, j'avais des facilités à imiter. C'était noté. Mes parents ont l'air si sûrs que je ne suis pas ça, pensais-je. Comment le savent-ils ? S'ils le savent, je dois être à l'abri. Sauf que je n'étais quand même pas si sûr...

En troisième, j'ai eu un petit copain, mon premier amour : un garçon de ma classe, qui avait d'abord été un ami, avant un rapprochement dans le lit que nous partagions chez une famille d'accueil en Allemagne. Nous cachions notre liaison, cela me paraissait supportable. L'intensité de mes sentiments, l'euphorie suscitée par cette relation inattendue étaient un dédommagement suffisant. Je me savais cependant en sursis. La possibilité de développer une attirance pour les filles devenait de plus en plus improbable. L'homosexualité, qui s'était d'abord manifestée comme un problème éventuel, constituerait bien un problème de ma vie. Vivre un jour ma sexualité ouvertement était impensable. J'allais devoir mentir, mettre au point des stratagèmes pour ne jamais être découvert. Ce qui me paraissait le plus judicieux était de devenir riche, moyennant quoi je pourrais acheter la couverture d'une femme. De mes quatorze ans à mon coming-out à vingt ans, j'ai ressenti vis-à-vis des hommes deux sentiments se nourrissant bien l'un l'autre : la honte et le désir. À l'intersection des deux, le sentiment d'infériorité. J'ai vu le « masculin » comme un principe vital n'existant à l'état pur que chez les hétérosexuels. Un homme est un homme qui aime une femme, me disais-je, voyant les gays comme des hommes moins hommes et même, à cet âge à l'abri ni des raisonnements simplistes, ni des clichés, comme des femmes dans un corps d'homme. Rebuté par tout ce que, dans la voix, les manières, le style vestimentaire, je jugeais « féminin », je me considérais condamné à l'insatisfaction sexuelle et amoureuse. J'étais avant tout rebuté par moi-même. Sans être attiré par des hommes particulièrement virils, je voyais l'hétérosexualité comme une qualité indépassable, la source d'une énergie que j'étais né pour aimer. Quand j'ai découvert dans Proust l'expression « race maudite », j'y ai trouvé une traduction éloquente de ce que je ressentais, et une confirmation. En vertu de ma logique, je me suis demandé si j'étais trans, si je ne serais pas plus heureux femme. Cette voie n'a pas contribué à démêler quelque chose. J'en suis plutôt venu à détester les femmes de posséder un pouvoir sur ces êtres à moi interdits, de commander ces hommes dont j'étais l'esclave.

Je m'étais rendu compte dès le début de l'adolescence que je ne me projetais pas en femme. À l'inverse des petits garçons que l'on prend pour des filles et qui, à la puberté, cessent d'être androgynes, je m'étais mis, en grandissant, à être souvent appelé « mademoiselle » ou « madame », ce qui n'était pas arrivé dans l'enfance. De quatorze à dix-huit ans, ça a été une humiliation atroce, surtout quand cela avait lieu devant témoins. Tout « monsieur » ou « jeune homme » était une victoire.

Il arrivait à ma mère de se faire appeler « monsieur », et je me suis parfois demandé, quand nous étions ensemble et qu'on nous disait « messieurs-dames », si l'on pensait que j'étais la femme et ma mère, l'homme. Pourquoi est-ce que le prenais mal ? Je ne jugeais pas du tout les filles inférieures. Je n'aurais pas été vexé d'être pris pour un gaucher au lieu d'un droitier, un brun au lieu d'un blond. C'est peut-être une explication incomplète, mais j'étais mal dans ma peau. J'étais gros. Cette silhouette arrondie, combinée à une carrure étroite, à une absence de muscles et à des traits fins, devait me donner une apparence de femme. Entendre « madame », c'était entendre : « Tu es moche, difforme. » Et puis, je recevais à ce propos expressément des moqueries. Dans les lieux publics, je guettais les regards et les murmures, cherchant curieusement à intercepter les propos que je ne voulais surtout pas entendre : « C'est un mec ou une meuf ? » Pendant un voyage de classe à Berlin en seconde, alors que nous attendions un métro, j'ai aperçu un groupe de jeunes

Allemands sur le quai d'en face. Leur agitation ne m'a d'abord pas frappé. Puis, un regard croisé, un autre et un troisième : j'ai compris qu'ils riaient de moi. Je craignais ce qui allait suivre, priant pour l'arrivée de mon train ou du leur, mais non, ils ont eu le temps de me hurler plusieurs fois : « *Bist du ein Mädchen oder ein Junge ?* » Dans ces cas-là, on ne tire pas de conclusion intelligente sur sa place dans le monde, on veut disparaître, être ailleurs. Je me suis intéressé aux vêtements et ai commencé à leur consacrer beaucoup d'argent, comme plus d'une personne complexée physiquement. Ils étaient un moyen d'améliorer mon statut social et d'atténuer mes défauts corporels. Dans un veston à padding, on me prenait moins souvent pour une fille, et j'étais à la mode de mon lycée de Versailles. Je me suis mis à avoir des idées aussi saugrenues qu'arbitraires sur ce qui était « de fille » et « de garçon ». Porter son sac à dos serré ou lâche, passer ou non les lacets de ses Converse autour des chevilles, la ceinture cloutée Japan Rags par opposition à son pendant féminin, la ceinture Le Temps des Cerises, qui avait pour seule différence d'afficher un autre nom de marque. En colonie de vacances, j'ai abordé une fille dont je voulais être l'ami en lui disant : « Eh, moi aussi, j'ai une ceinture Le Temps des Cerises, sauf que c'est Japan Rags, parce que c'est pour les garçons. » Ce que je voulais vraiment dire était : parce que *je suis* un garçon. Je voulais empêcher le plus vite possible d'être pris pour une fille. Derrière l'apparente superficialité de l'approche, je cherchais à m'éviter des souffrances.

J'ai perdu du poids, perfectionné mes stratagèmes vestimentaires et ce problème s'est estompé, à temps pour ma sortie du placard. Un ami hétérosexuel dont j'étais amoureux m'a poussé à lui dire ce que je ressentais. Comme si avoir dû camoufler pendant dix ans ce que j'étais ne suffisait pas, il m'a fallu traverser une humiliante succession d'aveux aux uns et aux autres, impliquant de me justifier et même de m'excuser d'avoir « menti ». Enfin, au bout, il y avait la libération de ma vie. Je me suis mis à aimer la différence et l'infériorité aussi intensément qu'elles m'avaient embarrassé. Comme elle est délicieuse, l'infériorité sous le régime des queers, qui, en la brandissant, l'inversent, et tressent avec ses épines une cotte de mailles féerique. Je me suis réjoui la première fois que j'ai trouvé attirant un garçon « efféminé », c'était à une des soirées Flash Cocotte, où a convergé dans les années 2010 la première génération de « queers » parisiens. J'y ai découvert le plaisir de faire la folle, apprenant les nuances de l'étiquette de cette partie du milieu gay – urbain, de gauche, « trans-pédé-gouine » – avec le même zèle que j'avais mis à reproduire l'habitus hétérosexuel. Même en dehors, les premières années surtout, j'ai outré des attitudes, tenu des propos catégoriques sans craindre de crisper ceux qui les entendaient, il me le fallait pour m'affirmer, aussi abruptement que mon placard avait duré longtemps, trancher avec le personnage aux tenues précieuses mais guindées derrière lequel je m'étais honteusement dissimulé, les petits excès me paraissant justifiés par la brutalité de ce que j'estimais avoir subi de la part d'un « monde hétéro » (voire « hétéro-fasciste », pour citer un mot pris dans mon nouveau milieu, que j'ai employé avec gourmandise).

À trente-deux ans, ma conduite ne s'est pas transformée, tout au plus ai-je acquis un peu de tact, et encore, car mon sentiment que la majorité hétérosexuelle nous brutalise s'est exacerbé. Quant à la différence des sexes, elle me paraît avoir une importance disproportionnée, je ne comprends pas que cette caractéristique physique soit devenue organisation de la société, culture, grammaire. Pourquoi dois-je indiquer que je suis un homme afin de réserver une entrée au musée ? Pourquoi est-ce que la politesse me commande de dire à la boulangère : « Bonjour, madame », et non : « Bonjour, personnebrune » ? Je ne me définis pas plus comme homme que comme droitier, même si j'ai conscience de pouvoir le dire d'une position privilégiée, puisque j'appartiens au sexe dominant. Ma place dans le problème de la domination masculine me préoccupe : les inégalités, les violences, le mépris des femmes, quelle est ma part, là-dedans ? Être pédé et efféminé suffit-il à se dédouaner ? Puis-je me contenter de dire que le sexe masculin est un pays riche dans lequel je n'ai pas choisi de naître, des privilèges duquel je jouis à l'extérieur, mais dont je n'habite pas les classes supérieures ?

Le mot « masculinité » doit appartenir à mon lexique depuis cinq ans au plus. Il y est apparu par l'expression « masculinité toxique », en même temps que d'autres expressions comme « hétéro-patriarcat » ou « mansplaining », qui nous servent, à moi et à ceux avec qui je les emploie, des femmes et des personnes LGBT, à décrire et à critiquer un pouvoir. Ils ont une fonction libératrice. Dans ma bouche, la notion de masculinité a beaucoup à voir avec le manque d'égards, la vulgarité (selon moi inhérente à tout pouvoir), l'inaptitude à reconnaître ses torts et la paresse à réfléchir au-delà de soi. J'ai beau affirmer que ce mot ne me sert pas à parler de tous les hommes, il n'en est pas moins généralisateur. Je me rends compte que j'ai besoin de cette part d'injustice pour continuer de me libérer et de me protéger. En vivant ouvertement ce que je suis, je n'ai pas cessé d'être blessé, intimidé ou exaspéré par le monde de l'hétérosexualité et de la binarité de genre, au contraire. D'ailleurs : à trente ans passés dont plus de dix hors du placard, je n'ai toujours pas dit à mes parents que j'étais gay. Tout le monde me l'affirme : ils le savent. N'empêche que voici trois ans, ma mère m'a dit : « Alors, quand est-ce que tu nous fais des petits-enfants ? » C'est plus exactement la preuve qu'elle ne *veut pas* savoir.

Depuis peu abonné à un gymnase, j'ai été gêné la première fois que j'ai poussé la porte des vestiaires portant l'inscription : « Messieurs ». À l'exception des toilettes publiques, je ne m'étais pas retrouvé dans un environnement non mixte depuis les cours de sport du lycée. Tiens embarras intimidé, ça faisait longtemps, je me croyais guéri de toi ! Il me reste du sentiment de maladresse, de petitesse, de malfaçon par rapport aux hommes hétérosexuels. Toujours la peur de trahir la confiance de ces hommes me croyant un des leurs. À l'école, les vestiaires étaient le moment où pouvait avoir cours une parole protégée entre garçons, c'est-à-dire une parole hétérosexuelle sur les filles. Dans ma tête, seulement l'entendre, c'était trahir. Ce sentiment décuplé par l'intimité du vestiaire, je l'ai dans une moindre mesure dans la vie habillée de tous les jours. Il m'arrive d'être mal à l'aise en présence d'hétérosexuels et à plus forte raison d'hommes, aussi courtois soient-ils. Dans ces cas-là, il me tarde de retrouver mes copines meufs et pédés pour me comporter comme une folle, pester contre la « masculinité », respirer.

Mathis Chevalier

Lettre de refus

Mathis Chevalier, né le 8 septembre 1998 à Courcouronnes, est un ancien combattant de MMA, sport dans lequel il s'est démarqué par de multiples titres de champion de France puis un titre de champion d'Europe. Il voit très vite la limite de son épanouissement dans la cage de MMA et décide d'étendre son expression au théâtre et au cinéma. En 2022, il incarne son premier rôle dans le court-métrage Mon CRS, *l'histoire d'un CRS bouleversé par la passion qu'il ressent pour un danseur.*

Bonjour Charles,

Je vous écris à propos du témoignage que je devais écrire au sujet de la masculinité. Votre proposition m'a beaucoup plu dans un premier temps.

Mais en m'y confrontant cette semaine, en rédigeant une dizaine de pages, je me suis rendu compte que je ne pouvais pas parachever cet écrit. Ma démarche jusqu'à présent a été de jouer des rôles, voire parfois de construire un mythe, mais jamais de me dénuder totalement : certes, je donne une vérité dans certains projets mais jamais toute ma vérité.

La masculinité est aujourd'hui un sujet clivant et ma position en tant qu'homme peut déranger. Je suis pour un changement des mentalités : montrer ce qu'on est vraiment et faire preuve de plus de tolérance envers autrui. Mais je ne me priverai pas non plus de faire preuve d'ascendance physique ou mentale (bien que cela produise des dysfonctionnements dans notre société) pour avancer. C'est le paradoxe de la masculinité contemporaine qui se résume dans ces deux dernières phrases. Certains y verraient des propos contradictoires, alors qu'il s'agit d'une évolution contrastée vers un autre mode de pensée. Comme je vous l'ai dit, les réactions sur ce sujet en ce moment sont souvent extrêmes, voire violentes, et je n'aurai pas la patience de répondre des propos que j'aurais pu écrire dans mon témoignage.

J'aime mon prochain et j'aime aussi le frapper.

C'est pour cela qu'après mûre réflexion, je ne pourrais pas vous fournir mon témoignage.

J'espère que vous le comprendrez.

À bientôt.

Raphaël Zyss

À propos d'une circoncision et de ses conséquences (nouvelle)

Raphaël Zyss, né en 1999 à Paris, travaille dans le cinéma. Il a notamment collaboré au dernier documentaire de Yolande Zauberman, La Belle de Gaza, *et participe comme scénariste à* La Main bleue *de la même réalisatrice. Également traducteur, il a traduit les discours de Volodymyr Zelensky pour leur première publication mondiale dans* Pour l'Ukraine *(Grasset, 2022).*

C'était un mardi, j'étais âgé de huit jours exactement et il devait être onze heures et demie quand mon prépuce tomba.

De loin, dans la matière informe de mes souvenirs, je distingue la lame contre ma chair, et un cri, le mien, effroyable, puis la foule qui s'embrasse et chante les louanges.

Le docteur A. qui pratiqua la cérémonie, otorhinolaryngologiste réputé du douzième arrondissement de Paris, était le *mohel* attitré de la synagogue de Vincennes, c'est lui qui coupait la chair lors de la circoncision. Le lundi, le mercredi et le jeudi, il avait pris pour habitude de trancher trois fois, et les jours de grande affluence, cinq fois en une matinée, le bout de ces jeunes messieurs. Hors de la maternité, il était le premier étranger à manipuler ce qui allait devenir la source du plus grand plaisir, la cause de tant de malheurs, le centre de gravité de la vie de beaucoup d'entre nous.

La foule était dense. Toute une aile de la synagogue s'était transformée en camp de repli des grands-mères séfarades. Certaines se prélassaient sur des chaises en plastique pendant que d'autres menaient leurs petites guerres de ragots et s'abreuvaient des dernières nouvelles : mariages, enterrements, déceptions. Les tantes de Casa, les cousines de Meknès, la nièce à la sœur à la meilleure amie étaient légion. La plupart portaient des tailleurs coupe anglaise, impeccables, mauves, pastel, fuchsia. Esther l'Originale avait osé le jaune. Elle avait voulu être actrice mais son mari, Albert, s'y était opposé. La tante Gilberte confiait à Marcelle les secrets d'une recette de tortilla au poivron. Elle chuchotait pour qu'on ne l'entende pas et ses gestes, son désir de bonne chair, l'intensité de son regard, tout cela aurait pu être confondu avec le récit d'un amour interdit. D'ailleurs, lorsqu'elle mima le poivron, la manière de le découper, et c'était là le secret de sa recette, Elena, grand-tante polonaise, survivante des camps, la scrutant de l'autre côté de la pièce, se conforta dans sa conviction que les Marocaines étaient des femmes bien délurées. Pour elle, ashkénazes et séfarades, bien que de la même foi, n'appartenaient pas tout à fait au même peuple. Lorsque le landau dans lequel j'étais confortablement allongé entra dans la pièce et que silence se fit, elle me scruta avec désapprobation, un sang-mêlé. On dirait le prince de Galles en plus mat, soupira Marcelle qui n'avait pas eu d'enfants.

Les hommes, bientôt suivis des femmes, se mirent à chanter. Ces chants sont pareils à des tournoiements de vie, les voix font spirale. Dans cette chorale, où un garçon de quatre ans – mon cousin, qui plus tard me briserait le pouce – battait le rythme avec sa fourchette, le rabbin à la barbe tombant jusqu'à la taille chantait de tout son corps fourbu, me touchant de sa grâce et de ses postillons et les tantes, bien sûr les tantes et les cousines, étaient le coryphée. Soudain le docteur A., sans prévenir et en jouant peut-être même de l'effet de surprise, releva le bas de ma robe. La foule se tut, mon père détourna le regard. Le rabbin prononça la bénédiction et ainsi le docteur A. me fit entrer dans la Communauté des hommes d'Israël. J'étais privé de mon extrémité la plus intime, mon sexe fier et mutilé perdait une portion de jouissance que toute ma vie je tâcherais de reconquérir.

À l'âge de huit ans, ayant découvert une photo de la cérémonie, je questionnais mes parents. Mon père me dit : « Tu sais une histoire court selon laquelle le docteur A. prend les petits bouts qu'il coupe des zizis et les enterre dans un lieu secret, dans un grand pré. » Cette boutade s'inscrivit en moi comme ces objets incongrus : tasse à café, chaise déposée dans la rue, trace d'un avion dans le ciel, qui constituent le paysage mental de l'enfance.

À l'adolescence, je devins extrêmement pudique. Vers l'âge de douze ans, pendant les vacances d'été, je nageais avec un T-shirt pour éviter les coups de soleil. Ma peau de métèque étant le produit d'évolutions génétiques millénaires dans les champs, à battre les campagnes andalouses, les côtes du Rif et les plaines moscovites, les rayons des plages cannoises n'auraient que pu me faire devenir encore plus homme et sombre. Malgré tout, je laissais le T-shirt me recouvrir jusqu'en bas du maillot, je me ruais dans les serviettes, sous les parasols, pour que l'on ne puisse plus me voir, pour disparaître dans le sable.

De ce point d'observation idéal, j'étais médusé par la chair bruissante des lycéennes qui à cet âge occupait dans mon esprit le statut de créatures mythologiques. Les lycéennes s'offraient là à moi, grandement dénudées, pleines du désir palpitant de l'été. J'étais persuadé qu'à quatorze ou quinze ans, seize au plus tard, je me transformerais en masse musclée et puissante. Je guettais dans mon ventre l'apparition de « tablettes de chocolat ». Je pensais que cette géométrie parfaite du bas-ventre serait l'attrait magique, l'odeur irrésistible auprès des belles que j'observais et qui étaient devenues l'ombre de mes fantasmes. Les tablettes, j'en mangeais en quantité, cependant celles de muscles n'apparurent jamais sur mes hanches. Comment alors, fallait-il devenir homme en dépit de ce buste, ce traître, grand et mou ?

Je fréquente un bar pourri du XIXe arrondissement, rare vestige d'un Paris qui donne envie de vomir tellement les murs s'effritent, tellement les poivrots, les piliers du bar et autres créatures à l'air délavé s'y entassent. J'y arrive vers vingt-trois heures. Drôle de surprise d'y trouver sur le tabouret, à la place des vieux dégoûtants, de longs cheveux blonds qui frôlent les hanches, un nez aquilin, un regard gracieux. Je suis sur le point d'apprendre qu'elle s'appelle Rose et qu'elle a exactement mon âge. Je commande deux verres de chablis.

Marc, derrière le comptoir, lui sert son verre, et elle tourne sa tête dans ma direction, lentement, comme dans les manèges miniatures dont le mouvement devient inquiétant après quelques secondes.

Dans ce genre de situation, je m'inspire des moines bouddhistes entrant en méditation, j'essaie de tout oublier, jusqu'à mon propre nom. Il faut laisser les mots couler, ne penser à rien. Souvent je ne me souviens plus très bien de comment ou pourquoi je suis nu, blotti contre tel corps, ou ivre le matin, la tête collée au métal froid des bancs public. Je m'assois à côté d'elle, on parle de Dante, de l'enfer, je m'ennuie un peu, alors je me mets à raconter n'importe quoi, que je me suis déjà prostitué, que c'était une mannequin qui m'a payé mais que j'ai refusé l'argent parce que c'était trop bon. Elle ne me croit pas, je suis trop moche pour ça.

En sortant du bar on marche le long d'un boulevard. Selon elle, Paris est devenu la nécropole de l'amour. Les hommes n'y sont plus des hommes, au mieux, des agents immobiliers. Sous la lumière blanchâtre des lampadaires écoresponsables, sa peau prend un teint laiteux et je me dis qu'elle a l'air d'une sainte.

En longeant le Père-Lachaise j'ai cette idée : nous allons faire l'amour sur la tombe d'Apollinaire. Elle saute et se trouve vite en haut du mur, une jambe de chaque côté. J'ai du mal à me hisser. Je fais mine de rien lorsqu'elle attrape mon bras et me donne l'élan nécessaire.

Nous voici l'un en face de l'autre, prêts à sauter dans le vide, je la regarde avec bravade, l'embrasse et m'élance vers le sol. Je pousse un cri strident, je me tiens sur une jambe sans oser poser l'autre à terre, ça y est je me suis foulé la cheville. Elle saute gracieusement, atterrit sur le sol comme une feuille d'automne et de ses lèvres généreuses m'embrasse le mollet. Cela suffit à me consoler. Je lui prends la main et scrute l'horizon avec l'espoir de vite y trouver la tombe du grand Guillaume. C'est monsieur Georges Durand, allée 14, bourgeois du XIXe, qui offre sa stèle à notre amour.

Torses nus, elle sur moi, sans ôter sa jupe, elle enlève sa culotte et entreprend de défaire ma braguette. Je la précède, et d'un mouvement net, je me trouve nu sur cette tombe, exactement au-dessus de celui qui gît sous terre, la pierre froide sur ma peau. Je me redresse un peu, fier de lui montrer mon corps en entier. J'attends son plaisir à découvrir mon sexe érigé, fier, je prends la pose d'un roi avec son sceptre.

Son visage se décompose. Me sentant soudain très nu, je couvre mon entrejambe des deux mains.

« Mais… t'es circoncis ?

— Bah tu vois bien. » Elle dégage les mains qui couvrent mon sexe pour vérifier à nouveau. « Ça te pose problème ?

— Non, c'est même joli je trouve, mais ça m'a coupé l'envie soudainement, je sais pas. »

Je me redresse, mon caleçon et mon pantalon sont imbriqués l'un dans l'autre.

« Écoute ce n'est vraiment pas contre toi, mais les circoncis, j'essaie d'éviter.

— Mais comment ça ? »

Elle aussi commence à se rhabiller.

« Moi je ne suis pas raciste, ne va pas croire ça, mais d'où je viens on n'aime pas ça, mon père m'a toujours dit, ramène qui tu veux à la maison, mais pas de Noir et de circoncis ! Alors même si je trouve ça ridicule, ce que dit mon père, sexuellement, ça me coupe le désir.

— Circoncis pour lui ça veut dire pas de Juif, pas d'Arabe ? » Je m'assois sur la stèle en allumant une cigarette.

« Je sais pas, c'est ce qu'il m'a dit et c'est resté en moi, c'est comme ça, t'es pas le premier que je vois, mais à chaque fois ça me bloque.

— Mais politiquement… t'es pas une facho, nan ? »

Elle s'est mise debout et regarde droit devant elle, dans le vide du cimetière. Elle se retourne, les seins toujours nus et le dos droit.

« Je suis de gauche… mais peut-être que c'est pas le moment de parler de tout ça.

— Si, c'est important. Dis-moi l'immigration, t'es pour ou contre ?

— Arrête ce n'est pas le moment.

— Dis-moi !

— Disons qu'il y a un problème culturel en France, c'est tout. »

Je me lève de la stèle et lui tourne le dos.

Elle prend un regard amusé, elle hésite puis s'élance : « À mon avis, inconsciemment, je me dis que vu qu'on t'as déjà coupé un bout, moi je pourrais t'arracher le reste.

— Mais t'es complètement tarée ?

— Nan, je sais pas, j'essaie juste d'analyser mon sentiment.

— Que tu m'arracherais la bite ?

— Bah disons qu'à l'état actuel, le bout coupé, ça fait un peu entamé et moi je suis du genre à finir le travail. »

Je m'éloigne un peu, peut-être que c'est une psychopathe, une arracheuse de phallus juifs, peut-être même les collectionne-t-elle, il faut faire attention par les temps qui courent. Malgré tout je m'exclame : « Moi j'aurais aimé qu'on fasse l'amour sur le tombeau de Georges Durand.

— Moi aussi, tu m'excites beaucoup. Je crois qu'il faut que je parle à un psy de ce problème, j'ai très envie de toi. »

Je m'allonge sur la stèle, elle aussi, tête-bêche. Le ciel au-dessus de nous est peuplé d'étoiles. Elle pointe du doigt un petit bout d'horizon : « Ça c'est Pégase, la constellation du cheval ailé. »

Nos lèvres se touchent presque.

En rentrant du cimetière, je m'allonge sur mon lit et me dis que c'était peut-être ça le rôle de la brit milah, de nous préparer à l'éternelle circoncision de la vie, et que mes ancêtres, en pratiquant cette cérémonie mutilatrice, m'ont prévenu contre l'une des plus ridicules prétentions de l'existence : vouloir être un homme. À huit jours, on m'a coupé un bout, simulacre de castration, depuis je sais à quoi m'attendre.

Au fil des heures, cette pensée devint de plus en plus obsédante. Je ferme la porte de chez moi à double tour, et je me mets à faire des pompes. Je me déshabille face au miroir, et je tends mes biceps, puis mes pectoraux, puis mes fesses.

Moi qui adore mon organe, qui l'ai tant de fois béni, et remercié les cieux de m'avoir fait ainsi, je prends conscience du rituel que les hommes lui ont imposé. Je me réveille au petit matin, je ne sors pas de chez moi de la journée, j'ai l'impression d'être possédé par cette folle et son fascisme. Je me dis que si je ne suis jamais allé au bout de ma discipline de pompes plus de trois jours d'affilée et que si je suis incapable de regarder un match de foot en entier, c'est parce qu'on m'a circoncis à l'âge de huit jours.

Depuis plusieurs semaines je suis cloîtré chez moi, j'ai souscrit à un abonnement dans une salle de muscu. J'y entre, c'est horrible, ça pue la sueur, le reggaeton qui jaillit des haut-parleurs me donne envie de hurler plus fort encore. C'est une espèce de sous-limbe mais je me dis qu'il faut y passer un nombre d'heures conséquent, sacrifice, en somme, pour en sortir puissant et véritablement masculin. Je ne vais pas laisser ce petit bout de peau manquant m'arrêter. En un mois, je n'ai pas manqué une seule soirée à la salle, je ne fréquente plus les bars et mes copains me pensent mort.

Au vestiaire j'observe mon torse minutieusement dans le miroir et je guette l'apparition de la moindre forme inhabituelle, peut-être un muscle. Il y a un autre mec. C'est une machine de guerre, une montagne. Tout est gonflé à la Zeus. Quand il enlève son T-shirt, je me dis qu'il me faut un buste comme le sien. Je me mets à poil, je vais sous la douche, et en sortant je vois ce même type nu, de dos, divin, parfait. Est-ce qu'il est circoncis ? Je me dis que si il l'est, tout ira bien. Je fais le tour du banc sur lequel sont posées ses affaires. Pensant être discret, je me retourne en regardant ailleurs puis baisse furtivement mon regard vers sa bite. Elle me semble de taille inférieure à la moyenne, et n'est pas le moins du monde circoncise.

Peut-être que c'est mon air déçu qui le blesse, ou l'air satisfait de supériorité qui suit, ou bien n'a-t-il pas aimé la direction qu'a prise mon regard ? Sans dire un mot, il m'attrape par la gorge et me jette au sol. Trois ans de boxe thaïe n'y font rien, je ne me relève pas, je fais le mort. Il me crache dessus, se rhabille et s'en va.

Sur le chemin, en rentrant chez moi, je me mets à saigner du nez. Tout vient décidemment de la circoncision.

Je ne sors plus de chez moi. Je ne mange presque plus et passe des dizaines d'heures à voir des vidéos d'influenceurs fitness, plastique parfaite, le nez refait. Je n'arrête pas d'aller sur des sites d'étude de la Torah en ligne, pour tout comprendre de ce qui m'est arrivé. J'ai des pensées obsessives, je passe des heures sur une chaise, la tête plongée dans le creux de mes bras. Rien ne me sort de cet abysse. Je repense à cette histoire que l'on m'a raconté enfant, et elle aussi vient me hanter.

Cinq jours passent, je n'en peux plus, j'appelle la clinique du docteur A., ce bourreau d'otorhinolaryngologiste, il faut que je le voie absolument, tout de suite. Je dis à l'infirmière que j'ai un champignon dans les oreilles, question de vie ou de mort, je suis en train de perdre l'ouïe, je vais me suicider. L'infirmière n'en a rien à faire, le docteur n'est pas là, il est déjà rentré chez lui. Sachant que le docteur A. habite au-dessus de son cabinet, boulevard Richard Lenoir, je saute dans un taxi, puis emboîte le pas de quelqu'un qui entre dans l'immeuble. Avant de sonner, cinquième droite, je tends l'oreille et j'entends la bénédiction du pain et du vin, ce soir, c'est shabbat. Sacrilège ou pas, il est trop tard, je sonne.

Le docteur A. a pris un coup de vieux. Il ne me reconnaît pas. Je le pousse et me faufile à l'intérieur de chez lui. Il m'attrape par l'épaule en essayant de me jeter dehors.

« Docteur, j'ai à vous parler !

— Sortez de chez moi ! Je vais appeler la police ! »

Sa femme arrive en trottinant. Elle se place derrière son mari et m'observe derrière son épaule. Ils doivent me prendre pour un assassin, ils ont l'air terrifiés.

« Appelle la police, Pierre ! Vite, c'est un fou ! » Madame A. se tourne vers la cuisine, se saisit un balai et, d'un mouvement sec, envoie son extrémité contre mon crâne mais je parviens à l'esquiver.

« Docteur, je vous en supplie, rendez-moi mon prépuce. » Il me lâche le bras.

« Vous ne me reconnaissez pas, mais vous m'avez circoncis il y a vingt-cinq ans. Une rumeur dit que vous enterrez les prépuces sous terre, je reveux le mien à tout prix. »

Le docteur A. sourit. À la deuxième secousse, son corps se plie, il est pris d'une saccade incontrôlable. Sa femme qui ne comprend pas tout à fait se met à glousser, puis à glousser plus fort et de plus en fort, enfin à rire franchement. Une porte s'ouvre, c'est sans doute leur fille, elle a mon âge, l'air d'une princesse ottomane ou d'une Salomé de Titien. Son regard perçant se fixe sur moi, elle ne comprend pas qui je suis, mais d'instinct, elle rit avec ses parents. Je cède à mon tour. Tous les quatre ne parvenant pas à nous calmer mais tout s'évacue, l'angoisse, la peur, la folie qui m'habite depuis quelques semaines.

Le docteur m'embrasse sur le front : « Je ne sais pas ce qui vous arrive, mais vous êtes drôle vous, vous me faites beaucoup rire, et vu votre tête, vous avez besoin d'un bon repas. »

La mère d'un air doux me prend par le bras et m'accompagne dans la salle à manger. Elle tire une chaise et m'invite à venir m'asseoir. J'ai faim, tout à coup, immensément faim.

Sur une nappe rouge cousue d'un motif de fleurs dorées, la table est peuplée de petites assiettes remplies d'aubergines confites, de houmous, de harengs à l'huile. Sur un plateau de bois, de grandes tranches de poitrine de veau fumé occupent le centre d'une constellation d'assiettes, des fenouils à la fleur d'oranger, des asperges blanches, et pointues, des feuilles de vigne sur lesquelles se réfléchit l'éclat des bougies. Devant le maître de maison, une coupe d'argent repose sur une assiette, je vois, recouvert d'un tissu cérémoniel, le pain du shabbat, les tresses s'embrassant comme des bras aimants. Le docteur

A. soulève la coupe et prononce la bénédiction. Je suis soudainement très ému. Le temps se dilate, je ressens l'époque archaïque de nos ancêtres. À moi l'impie cette prière-là, répétée de génération en génération, vient me conforter, me dire que les hommes, dans leur peur, ont bâti des traditions, que dans les corps et dans la vie, ils ont inscrit le rituel. C'est lui, qui en ce moment brise la solitude parce qu'il contient l'épaisseur du temps long, de la souffrance et de l'angoisse. Soudain, une érection magistrale pousse les frontières de mon pantalon.

Eugène D.

Une place à la campagne

Eugène D., né en 1985 en Normandie, est paysan dans l'Aveyron, dans une ferme paysanne où il pratique le maraîchage et l'horticulture en agroécologie.

Je m'appelle Eugène, j'ai trente-huit ans. Je suis un homme cisgenre, je me sens à l'aise dans le genre que mes parents et la société m'ont assigné à ma naissance. Je suis blanc, né français, instruit, classé plutôt parmi les pauvres au regard de mes revenus, mais je vis comme un privilège la vie sobre que j'ai choisie. Alors que je me contentais, il y a quelques années encore, de me rappeler uniquement les aspects positifs de ma vie, en grandissant je me suis rendu compte à quel point j'ai pu occulter des souvenirs désagréables, voire des traumatismes.

Fils de paysan·ne·s, j'ai toujours vécu à la campagne. J'ai grandi dans la ferme familiale, au sein d'un petit village au fin fond de la Normandie où il y a plus de vaches que d'habitant·e·s. Une ferme où le monde extérieur se réduit à un écran de télévision.

La vie est calée sur le rythme des saisons, des cultures, du ramassage des pierres dans les champs, des semis, des moissons, du grain à passer dans les silos, des bottes de paille qui s'alignent sur 10 mètres de haut. Et moi qui joue en toute inconscience au milieu. La traite des vaches du matin et du soir cadre les journées. Il y a les périodes de vêlage et une ou deux hémorragies de vache qui m'ont fait comprendre, enfant, la notion de vie et de mort. Le veau gras est découpé dans la cave, tête en bas, ventre ouvert. Il remplit le congélateur pour l'année à venir. Le verger de pommes et les 50 poulets qui y gambadent. Ils finiront dans mon assiette, lors du repas dominical, après la messe, accompagnés de patates au four et d'haricots récoltés et équeutés avec mémère et maman. Je suis trop concentré pour suivre leurs conversations, il faut bien équeuter pour pas fâcher les femmes.

Au rythme des fêtes religieuses et des fêtes de village, je suis là, moi, l'enfant de chœur, bien sage. Le quatrième et dernier de la fratrie. Le deuxième fils.

La masculinité n'a pas de nom à cette époque, d'ailleurs peut-être que l'absence de mots est une caractéristique de la masculinité ! Ne pas parler, ne pas pleurer, ne pas avoir peur, ne pas exprimer d'émotion… Mais cela n'est peut-être pas de la masculinité, juste de la paysannerie, à mes yeux d'enfant ?

Comme mes parents aimaient à le dire : « Les gens de la campagne font sans le dire, ce que les gens de la ville disent sans le faire. » Est-ce la même chose pour les émotions ? C'est peut-être l'accumulation de la culture paysanne et de la culture masculine. Car clairement, je n'ai pas beaucoup de vocabulaire dans ma besace pour exprimer mes émotions.

Dans cette ferme, dans ce que je vois, les tâches sont bien réparties. Les travaux des champs, la maçonnerie, l'atelier de bricolage, les tracteurs… pour papa. La cuisine, la tenue de la maison, les soins vétérinaires, la gestion de la comptabilité, le jardin, l'éducation, seule, des enfants, à la gifle et au martinet… pour maman. Ma masculinité s'est construite sur cette base, comme modèle d'observation. Avec un grand frère qui bricole des caisses à savon, conduit les tracteurs, me tire à la carabine et regarde *McGyver*, quand mes sœurs regardent *Hélène et les garçons*. Moi, plutôt jovial, sensible, joueur, je préfère me balader dans les champs, m'évader, partir à l'aventure, le contact avec les animaux, pour fuir un univers écrasé par la charge de travail et les formes de violence qui en découlent.

Je suis petit, menu, frêle, sûrement androgyne, souvent pris à partie à l'école ou bousculé dans les ronces sur le chemin du retour. Est-ce ainsi plus facile pour les autres garçons de prouver leur virilité ? J'observe cette importance à se montrer le plus fort, le plus drôle, le plus aimé par les autres, par les copains, par les filles, pour faire partie de ce groupe. J'observe que cela passe souvent par des mécanismes de domination, d'oppression, qui vont de la moquerie « sympatique » à l'attaque physique. Cette virilité semble l'objet central de la masculinité et une étape pour en être un, un homme, un vrai.

C'est quoi pour moi la masculinité, être un garçon, un vrai ? C'est quoi mon modèle de masculinité ? Dans mon cercle familial, à l'école, à la « téloche » ? Ne pas être une fille ? Pas aimer le rose ? Jouer aux trucs de garçons ? Au foot ? J'aime pas ça, je préfère jouer à l'élastique entre les chaises de la salle à manger. La bagarre, évidemment ! Moi qui essuie déjà les coups quotidiens de mon frère, c'est pas du tout mon truc. Mon refuge, ce sont les toilettes et la solitude, seuls espaces avec un verrou.

Avoir des cheveux courts ? Raté ! Mes parents se désolaient d'avoir « quatre filles à la maison » parce qu'on avait toutes et tous des cheveux longs. Comme vouloir nous rabaisser ou avoir honte de nous, les garçons qui n'en sont pas vraiment en apparence. Et moi, de répondre que « sur ce même critère, j'ai alors deux papas ! ».

Mon enfance, c'est la compréhension d'une misogynie ambiante, renvoyée à l'intérieur de moi, une hiérarchie sociale entre les garçons d'abord, les filles ensuite et, je le comprendrai plus tard, les « autres » qui sont mis à l'écart.

Arrive l'époque de l'adolescence où, en plus de la question du genre, la question de la sexualité arrive dans ma vie.

Le désir, quel gros mot ! Voyons, on ne parle pas de ces choses là ici, c'est impur ! J'entends encore ma mère se demander : « Qu'est-ce que j'ai fait au bon Dieu ? » La sexualité est un sujet encore plus personnel, plus intime, plus délicat dans un contexte religieux. Je découvre de nouveaux désirs, pour des filles mais surtout pour des garçons. Je comprends que c'est dégoûtant à voir les réactions de mes parents quand le sujet est évoqué à la télé. Je me dégoûte. Je pense que je vais finir en enfer.

Je me hais. De plus en plus.

Quelques envies de suicide plus tard, je fais tout bien comme il faut : je le tais ! Je le mets dans une boîte, je l'enterre au fond du jardin. C'est ma solution du moment.

Je comprends bien ce que doit être et surtout ne pas être un jeune garçon. Je fais comme tous les (autres) garçons, je « sors » avec des filles. Quand une nuit, une fille se glisse dans mon lit, je n'ai pas l'espace de dire non. Ne surtout pas être un pédé, une tapette, une tafiole, une tarlouze, une pédale, ou un inverti... Le vocabulaire ne manque pas pour me dénoncer. Je reste poli avec cette petite sélection.

Enculé ! Comme une ponctuation dans une phrase, mais tellement de poids dans ma tête.

J'ai l'impression que je peux potentiellement transgresser la masculinité hégémonique. Pourquoi perdrais-je ma masculinité aux yeux des autres par le fait d'être potentiellement pénétré, pénétrable ? La peur de ce qui peut m'arriver, si je n'y réponds pas, est bien présente. Le rejet, l'exclusion, la violence que j'ai pu entrevoir. Je m'impose comme le premier homophobe dans mon esprit. Cela prendra du temps à se transformer.

Arrive le début de l'âge adulte et de l'indépendance. J'ai le permis, le bac, un réflexe : partir loin ! Quitter cette campagne, ce contexte familial. Fuir, peut-être, pour survivre, sûrement. Mais aussi partir à la recherche de moi-même. Partir à la découverte d'autres modes de vie, d'autres modes de pensée, d'autres points de vue sur nos différences, apprendre doucement à m'accepter, à être honnête avec moi-même.

Les rencontres, les amitiés, les voyages, ici et ailleurs, m'aident. Quelques années à la ville aident aussi, il est plus aisé d'y retrouver une diversité de mondes. Les milieux artistiques, le monde du cirque, de la musique m'ouvrent à d'autres horizons et m'aident à me découvrir. Je renoue avec mes désirs, commence à assumer mon attirance pour les hommes. Doucement, j'assume auprès de mes amis. Puis vient le moment de l'assumer auprès de ma famille, délicat moment, réservé aux non hétéros et non cisgenres, qui malgré tout me grandit et qui grandit ma famille aussi, je pense, doucement, à leur rythme.

Quelques années plus tard, enrichi de cultures et d'expériences différentes, je décide de revenir à la sédentarité paysanne. Je crois qu'elle est, en quelque sorte, ancrée dans ma peau. Même lorsque je voyageais, j'allais surtout en campagne faire le tour de fermes. C'est là que je me sens le plus à l'aise. Je décide de revenir à cette vie, qui m'a fait souffrir mais que j'admire aussi, revenir à ce monde et y trouver ma place. Une place en tant que maraîcher, dans ce monde où la valeur travail est forte et où il est nécessaire de faire ses preuves dans l'action plus que dans la parole. Je connais ses codes, ses mécanismes, je m'y replonge trop facilement. Comme un besoin de chercher une forme de reconnaissance auprès de mes voisins et de mes pairs, de mes parents. Je cherche mon équilibre, ma liberté dans le rythme de la nature.

Je cherche aussi une place en tant qu'homme avec mes particularités. J'embarque avec moi ma pédéité en construction. Durant mes voyages, cet aspect de ma vie restait personnel et discret. Je m'adaptais selon la durée de mon passage. Sédentaire, je ne cherche plus à me cacher. Je reste avant tout un paysan avec un projet agricole. Le reste relève de commérages que je n'entendrai sûrement jamais.

Avec plusieurs ami·e·s, nous mettons en place un collectif Queer. J'aime me définir comme pédé, en faire une force et devenir fièrement une tapette champêtre. Se réapproprier une insulte, comme une revanche. J'aime l'idée de me retrouver avec d'autres personnes qui se sentent peu visibles dans nos campagnes, dans l'espace public, peu représentés dans la diversité de nos vies et de nos trajectoires. On se sent plus forts à plusieurs et moins seuls.

Grâce à ce collectif je romps avec l'isolement en campagne, j'échange avec d'autres personnes LGBTQIA+, je participe à l'organisation des événements culturels et militants, des marches des fiertés au village et des soirées thématiques au café associatif du coin. Petit à petit je me construis publiquement, visiblement, en tant que pédé. Je (re)présente d'autres modèles de vie, d'autres masculinités pour les jeunes de nos campagnes qui seraient en questionnement, mais aussi pour leurs parents, ami·es, voisin·es… Je prends une revanche en incarnant une autre forme de masculinité, qui n'existait pas dans ma campagne normande il y a vingt-cinq ans.

Mon installation agricole se conjugue aussi avec une étape importante pour moi, celle de l'installation en couple. Mon couple est approuvé par mon entourage, peut-être parce qu'il correspond au modèle hétéronormé. Cet amour me porte mais m'oblige à beaucoup de compromis. Dans les dernières années, la communication se dilue, la confiance avec. Mon corps se tend, et je me perds dans cette relation. L'approbation sociale n'y fait rien, au contraire, je n'aime pas vivre dans ce couple d'apparence qui ne correspond pas à ce que je vis. J'ai l'impression de vivre pour l'autre, je ne me sens pas écouté dans mes ressentis, je ne me respecte pas à rester dans cette relation qui m'est toxique. J'y retrouve des jeux de pouvoir, de manipulation qui me crispent, je me confronte au sein de cette relation à des formes d'une masculinité qui me déplaisent, un individualisme centré sur soi qui en oublie l'autre, l'écoute et le soin de la relation.

La séparation est une libération progressive, et devient l'occasion de sortir d'un rôle dans lequel je me sentais enfermé. De me réinventer en tant qu'homme, de prendre soin de moi, d'explorer de nouvelles formes de relations et de communication. C'est ce que je veux explorer.

Je m'investis dans un cercle de paroles d'hommes. Autre entorse à mon éducation et à ce monde sans mot d'où je viens. Pas facile, mais parler me fait du bien dans cette phase de ma vie. Je me sens grandir et m'ouvrir à chaque rencontre. Pas facile aussi de s'exprimer au milieu d'hommes, majoritairement hétéros pour un pédé qui s'est, depuis petit, senti exclu du monde des hommes sans appartenir au monde des femmes. Je reprends peu à peu confiance et j'entrevois une place parmi ces hommes en questionnement. Je me réconcilie avec une part de masculinité qui me plaît, que l'on transforme ensemble au fur et à mesure des rencontres. Je partage des émotions, je conseille, j'écoute, je me sens écouté, je me remets en question, je me déconstruis.

Je prends conscience des privilèges que j'ai, moi l'homme cisgenre, blanc dans une société patriarcale dominée par les hommes cisgenres.

Je transforme également mon rapport au travail et à la santé. Je change pour mieux écouter corps et esprit que mon métier malmène.

Mon éducation excluait cette part de vulnérabilité. Surtout ne pas se plaindre, ne pas avoir mal et continuer à travailler coûte que coûte. Je veux prendre en charge ma santé dans un désert médical, accepter mes faiblesses, choisir les professionnels de santé avec qui je me sens à l'aise pour comprendre ce qu'il m'arrive, quitte à visiter d'autres régions pour planifier une opération.

J'ai l'impression que cette nouvelle façon d'être fait exemple. Je vois autour de moi des personnes qui osent être elles-mêmes qu'importe leur genre, leur orientation. Des garçons qui chantent la contraception masculine avec une voix douce en portant une robe et des boucles d'oreilles, des amis hétéros qui parlent de plaisir prostatique. Cela me permet de mettre à distance l'enfant que j'étais, et sa compréhension de la masculinité. D'être le « premier » pédé de la famille, modèle pour mes neveux et nièces, et ainsi casser le silence. Requestionner nos rôles genrés : sur un chantier avec les copaines, ne pas me jeter sur la scie circulaire et plutôt proposer de laver les tables. Danser avec un garçon, me laisser guider par une fille dans une mazurka, mettre du vernir sur les ongles… Du moment que c'est joyeux ! Je suis connu dans ma campagne, dans les bals et fêtes de village : le producteur de légumes, au milieu des champs, sous les serres, sur le marché hebdomadaire avec ses créations de cartes postales humoristiques Queer au milieu des plants et légumes de son étal. Le chemin se débroussaille quand, à la ferme, la fille du maçon, sept ans, me demande si nous sommes frères, que je lui dis que non, que nous sommes amoureux et qu'elle conclut d'un « Ah d'accord ! ». La vie n'est parfois pas si compliquée.

Sumit Kumar

Un drôle d'homme en Inde

Sumit Kumar, né en 1987 à Delhi, est amoureux de la musique, de la photographie et de la nature. Il travaille en tant que chargé de mission à l'Institut français en Inde, et est notamment responsable du Programme d'aide à la publication (PAP), qui a permis, depuis 1990, la traduction et la publication de plus de 26 000 titres français dans 80 pays étrangers.

Je suis né à Delhi, en Inde, à la toute fin des années 1980. Mes liens avec la France remontent à plus de trente ans. J'ai grandi immergé dans les deux cultures, indienne et française : l'une étant l'héritage de ma naissance, l'autre, un cadeau que la vie m'a fait.

Vers l'âge de vingt ans, mon grand-père a quitté sa famille de l'Uttar Pradesh, un État du nord de l'Inde qui compte aujourd'hui plus de 241 millions d'habitants. Il s'agit de l'État le plus peuplé de l'Inde et de la subdivision de pays la plus peuplée du monde, mais son économie est, depuis des décennies, l'une des moins performantes du nord et de l'est de l'Inde. Mon grand-père s'est établi à Delhi avec ma grand-mère et leurs sept enfants. Bien qu'il n'ait pas reçu d'éducation formelle, il a réussi à trouver un emploi dans cette ville immense et est devenu jardinier dans le petit bureau de ce qui était alors l'ambassade de France en Inde. C'était une réussite monumentale pour lui. Cet événement a changé sa vie et la mienne.

Lorsqu'il est tombé malade, à quarante ans, mon père, qui n'en avait que dix-sept et n'était pas très instruit, l'a aidé. Avec des ressources limitées et une famille nombreuse à charge, mon père a commencé à travailler à ses côtés. Ils étaient inquiets de ce qui se passerait si mon grand-père perdait son emploi en raison de sa maladie et de son absence au travail, ainsi que de la façon dont ils subviendraient aux besoins de la famille dans une grande ville comme Delhi. Cette responsabilité partagée a finalement conduit mon père à occuper un modeste poste de garçon de bureau, fonction à laquelle il s'est consacré pendant trente-sept ans, jusqu'en 2023.

Pendant trente et un ans, j'ai vécu dans les quartiers réservés au personnel de l'ambassade de France, où j'ai eu l'occasion de rencontrer des gens et d'apprendre sur leur culture et leur mode de vie. L'histoire de persévérance et d'adaptabilité de ma famille a profondément influencé ma perspective. L'exposition aux cultures indienne et française a non seulement élargi mon horizon, mais m'a également donné une perspective unique, me distinguant des autres personnes de mon âge et de mon cercle social. Je me considérais comme privilégié, et je le suis toujours, d'être à l'intersection de ces deux cultures, puisant dans chacune pour façonner mon parcours et mes contributions.

La masculinité, existe-t-elle dans mon monde, en Inde, ou dans ma famille ? Si oui, quelles sont les croyances sur ce que signifie être un homme (ou une femme) ? Y a-t-il des différences perçues dans la nature des hommes et des femmes ? Si oui, quelles sont-elles ? Qu'est-ce qui définit le fait d'être un homme par rapport au fait d'être une femme ? Le plus important : qui décide de ces caractéristiques ?

Je me souviens que, durant ma scolarité dans une petite école publique à Delhi (nous étions trois enfants et seul mon père avait des revenus), j'étais le plus jeune élève de ma classe. En raison de cette différence d'âge, la plupart des filles m'appréciaient et les garçons me traitaient comme leur petit frère. J'étais plus poli, timide et naïf que les autres. La majorité des garçons de ma classe étaient des Jaats (gens de l'Haryana) et des Pendjabis, qui avaient tendance à être plus audacieux, plus agressifs et parfois même violents.

À l'école, il était largement entendu que les garçons n'étaient pas censés passer beaucoup de temps avec les filles à moins d'être en couple ou de la famille. Si un garçon montrait des traits considérés comme féminins, telles la timidité, l'empathie, l'émotivité ou la sensibilité, il était souvent victime d'intimidation et de moqueries de la part des autres garçons. Peu de choses ont changé dans la société d'aujourd'hui. Les garçons sont toujours taquinés et traités de « *meetha* » (trop doux), « *dheela* » (trop lâche ou mou) ou « gays » s'ils font preuve de ces traits de caractère.

Exprimer ses émotions est perçu comme un signe de faiblesse par les autres garçons, ce qui entraîne brimades et rires. Si tu pleures devant tes amis, la situation s'aggrave car beaucoup de gens croient qu'un vrai homme ne pleure pas et ne ressent pas la douleur. Comment peut-on exprimer ses émotions sans être victime d'intimidation ou d'humiliation ? Existe-t-il un moyen de dire que tu as peur ou que tu es blessé et que tu as besoin de soutien émotionnel ? Au moins, dans mon enfance et dans mon entourage, la réponse était non. La seule option semblait être de rester discret, de s'enfermer et de ne pas en parler, sinon tu risquais d'être traité de femme, humilié et écarté.

Il semble que ma personnalité et mon comportement restent appréciés. Je viens d'une famille hindoue qui a choisi de se convertir au christianisme. Ma famille et mon église m'ont toujours enseigné à être gentil, aimant, respectueux, attentif et serviable. On m'a appris à ne pas me moquer, à ne pas railler, à ne pas colporter des ragots ni à nuire à quiconque. Toutefois, j'ai été témoin de violence émotionnelle à l'encontre des femmes de ma famille et j'ai entendu des histoires de ma mère, de ma grand-mère maternelle, de ma sœur, de mes cousins, de mes tantes et d'autres amies sur la manière dont elles ont été traitées dans le passé et, parfois, le sont encore aujourd'hui.

Ma famille paternelle étant très patriarcale, les femmes n'avaient pas le droit de choisir leur partenaire de vie. La plupart d'entre elles (ma mère, mes tantes, ma grand-mère) ont épousé leur mari parce que cela leur a été demandé, voire ordonné, par leur famille. Ce n'était pas leur choix personnel. Elles n'ont pas eu la possibilité de faire des études supérieures, de travailler ou même de sortir. Elles restaient le plus souvent à la maison, à cuisiner, à s'occuper du foyer, à élever les enfants, sans avoir la possibilité de participer à la vie sociale. Le plus préoccupant était le manque de connaissance de leurs droits. J'ai vu mon père traiter ma mère de manière très irrespectueuse. Elle n'était pas autorisée à le confronter, à élever la voix ou à prendre des décisions sans le consulter. Ce schéma s'est reproduit lorsque ma sœur, qui a trois ans de plus que moi, a commencé à subir les mêmes restrictions : sa décision d'épouser un Bangladais chrétien, mais d'origine musulmane, a été contestée et a engendré de nombreux drames. Cette situation ne se limitait pas à ma famille ; elle était répandue, du moins dans notre environnement proche. En observant la société d'aujourd'hui, je constate que de telles tensions persistent encore dans de nombreuses familles indiennes. Les choses n'ont pas évolué.

Puis-je changer le passé pour elles ? Non. Puis-je changer toute la société ? Cela n'est pas si facile. Alors, que puis-je faire à ce sujet ? Respecter, écouter et soutenir autant que possible, non pas spécifiquement en tant femme mais en tant qu'être humain sujet de droits. Je ne m'attendais pas à ce que mon comportement, manifestement différent de celui des autres hommes, me mènerait à cette situation, très étrange pour moi, où l'on remettrait en question ma sexualité. Je n'étais pas conscient que mon tempérament non agressif et ma manière de parler, douce qu'il s'agisse d'un homme ou d'une femme, conduiraient les autres à remettre en question mon caractère.

Je ne suis plus un enfant. Les rapports que j'entretiens avec les autres devraient avoir évolué, la société aussi. Mais un jour, alors que je prenais un café avec une amie, elle m'a posé soudainement la question : « Es-tu gay ? » Au début, j'ai souri et j'ai répondu que non. J'étais perplexe et j'ai demandé pourquoi elle posait cette question. Elle a répondu : « Beaucoup de gens au bureau disent cela à ton sujet. – Mais pourquoi ? ai-je demandé. – Il est très différent, il est calme, doux et bien élevé comparé aux autres collègues masculins du bureau. Il a divorcé il y a longtemps, et personne ne sait rien de sa femme, ou s'il a réellement eu une femme. De plus, il ne sort avec aucune autre fille, donc il semble être gay », a-t-elle répondu. Je me suis senti très bizarre et ne savais pas quoi dire. J'ai terminé mon café et je suis parti.

Pendant une promenade du soir, un autre ami, un homme cette fois, m'a demandé : « Dis-moi honnêtement, es-tu gay ? » J'ai souri, trouvant la question un peu étrange, puis j'ai répondu : « Non, je ne le suis pas ! Mais pourquoi tu dis ça ? » Il a répondu : « Parce que les gens disent ça à ton sujet.– Mais pourquoi ? ai-je demandé.

– Ne t'en fais pas, c'était juste une question », a-t-il dit en riant.

Un jour, il est revenu à la charge. Il s'est approché de moi de manière très amicale et m'a demandé : « Dis-moi, es-tu gay ? » Il a expliqué qu'un de ses collègues, français homosexuel, lui avait dit que je l'étais mais que je le cachais comme beaucoup d'autres homosexuels en Inde par peur de la société. Je ne savais pas comment réagir ni quoi répondre, car je ne trouvais plus cela drôle que l'on dise cela de moi. On ne se sent pas à l'aise lorsque les autres commencent à s'interroger sur notre sexualité, alors cette fois-ci, je n'étais pas très à l'aise et j'avais besoin d'une réponse. Lorsque j'ai demandé pourquoi notre collègue français pensait cela, il a répondu : « Parce qu'il te trouve très gentil, plus poli que les autres et toujours souriant. » J'ai répondu, en souriant, que je ne l'avais jamais été et que je ne l'étais toujours pas.

Chacun a le droit de choisir ce qu'il veut être mais pourquoi les gens font-ils des suppositions erronées sur ma sexualité ? Pourquoi se posent-ils des questions ? Cela me préoccupait. J'ai commencé à me questionner et à chercher à comprendre les raisons possibles. Y a-t-il quelque chose chez moi que je ne saisis pas ?

Je me suis dit que je devais poser cette question à ma petite amie. Lors d'une conversation, je lui ai demandé : « Te sens-tu différente quand tu sors avec moi ? – Qu'est-ce qui t'arrive ? » m'a-t-elle demandé. J'ai expliqué tout ce que j'avais entendu de différentes personnes. Elle m'a rassuré en me disant qu'elle n'avait jamais douté de ma sexualité et que sortir avec moi était juste comme sortir avec n'importe quel autre garçon. « Mais pourquoi entends-je constamment dire que je suis gay alors que je ne le suis pas ? » lui ai-je demandé. Elle m'a regardé dans les yeux, a souri, et a dit : « Parce que tu n'es pas comme les autres garçons. Tu n'es pas agressif ou violent comme tu es censé l'être en tant que garçon, en particulier de Delhi, tu es gentil, respectueux, il est facile de parler et de partager des choses avec toi. Tu n'es simplement pas comme eux, et c'est peut-être pour ça qu'ils remettent en question et disent des choses sur toi. »

Il est vrai que je n'apprécie pas du tout qu'on se moque de quelqu'un ou qu'on intimide les autres en ma présence. Je ne souhaite jamais participer à de telles conversations ou moments, et j'essaie de m'en éloigner. Il est vrai que je ne suis pas agressif, que je parle doucement. Mais est-il juste d'être questionné sur sa sexualité simplement parce que l'on ne choisit pas de faire partie de la majorité de la société des hommes ? Est-ce que cela correspond à ce qu'on appelle la masculinité ? Je ne suis pas sûr...

Malgré ces jugements et ces soupçons constants, j'ai appris à rester fidèle à moi-même. Mon expérience m'a montré que l'authenticité est plus importante que d'obéir aux stéréotypes sociaux. Chaque être humain mérite d'être respecté et accepté tel qu'il est, sans préjugés ni stéréotypes. Certes, cela me préoccupe de temps en temps, mais je l'accepte. Je suis humain. Et c'est cette conviction qui me guide chaque jour, le fait de ne pas être un « véritable homme » ou une « véritable femme », mais tout simplement un être humain.

Qiyue Liang

Viril ou masculin ?

Qiyue Liang, né en 1997 à Zhangye, en Chine, dans la province de Gansu, est enseignant de chinois à Rennes.

Je m'appelle Qiyue Liang, j'ai vingt-six ans. Je suis enseignant de chinois depuis peu dans deux établissements publics. Je suis né et ai grandi en Chine. En 2017, après l'obtention du Gao Kao (équivalent du baccalauréat), j'ai pris la décision de venir en France pour faire des études supérieures. Je ne suis jamais reparti.

J'étais un gamin différent, petit et en surpoids. Pendant la puberté, je suis devenu boutonneux. Je n'étais clairement pas le plus charmant garçon de l'école. Pendant que les autres garçons jouaient aux soldats, je restais avec mes Barbie et ma meilleure amie. Je n'étais pas du tout attiré par ces jeux pour moi barbares – je trouvais le sport sale, n'aimais pas du tout être essoufflé et avais la transpiration en horreur –, je préférais ceux qui témoignaient de la tendresse et de l'amour. J'avais une telle obsession pour les Barbie que je séchais les cours d'anglais pour jouer avec ma copine. Je n'osais pas en demander à mes parents. Je savais, au fond de moi, qu'ils n'accepteraient pas de m'en offrir, non parce qu'ils n'avaient pas d'argent, mais parce que ce n'étaient pas des jouets de garçon.

J'étais émotif, la moindre chose pouvait me faire pleurer. Les autres garçons voulaient être les plus courageux, les plus forts, moi, le plus aimé. J'adorais regarder des séries chinoises avec ma mère. Nous étions émus ensemble. Quand les garçons parlaient d'histoires de guerre à l'école, je papotais avec mes copines des séries de la veille. Mon père ne comprenait pas pourquoi ce genre de choses m'attirait. Il ne cherchait pas non plus à comprendre. Il me morigénait, me disait que ce n'était pas pour les garçons. Mais que devait regarder un garçon ? Il ne le savait pas, et moi non plus.

Depuis l'âge de cinq ans, je n'avais que des amies filles. Je me sentais plus à l'aise avec elles. Je crois que les filles, enfin la grande majorité d'entre elles, sont plus tolérantes. Je les crois également plus sensibles. La plupart de celles avec qui je suis devenu ami ont un intérêt pour l'art. Cela m'a conduit à aimer la poésie, le dessin, le chant. Avant la puberté, j'avais une voix plutôt aiguë qui me permettait d'atteindre des notes inaccessibles à la plupart des garçons. Tout le monde me disait que j'avais une belle voix. Ma professeure de musique m'avait proposé des cours pour que je puisse approfondir la technique, et éventuellement en faire un métier. Mes parents avaient refusé cette offre qui, pour eux, n'était qu'une perte de temps.

J'étais « le garçon entouré de filles » au collège et au lycée, soit, pour les garçons, l'heureux élu. Mais ce titre était aussi une moquerie. Au fil du temps, « le garçon entouré de filles » se transformait en « *niangniangqiang* ».

Ce terme chinois est utilisé pour décrire les hommes efféminés ayant une voix aiguë. En français, nous pouvons le traduire littéralement par « tapette ».

« *Niangniangqiang* » m'a accompagné toute ma scolarité. Je me sentais rabaissé et humilié. Ce qui me faisait douter de moi-même était que certaines filles m'appelaient ainsi. On me demandait : « Pourquoi es-tu si féminin ? » Cette question me traumatisait. Comme si c'était un choix, comme si cela m'amusait, en somme, d'être insulté tous les jours. Le sentiment d'être constamment jugé s'est estompé au fil du temps.

Je venais de Zhangye, dans la province du Gansu, une petite ville agricole mais plutôt touristique (petite par rapport à la Chine, mais plus grande que Toulouse). L'environnement était assez masculiniste, les gens avaient plutôt une mentalité chinoise traditionnelle, assez fermée.

En arrivant en France, je réfléchis au lien entre mentalité chinoise et masculinité. La mentalité traditionnelle chinoise est profondément enracinée dans l'histoire culturelle et philosophique de la Chine. Elle est influencée par des courants de pensée tels que le confucianisme, le taoïsme et le bouddhisme. Ces philosophies ont façonné les normes qui codifient le rôle et le comportement des hommes. Dans la tradition confucéenne, l'homme est considéré comme le pilier de la famille. Il est chargé de pourvoir aux besoins matériels de la famille et de maintenir l'ordre familial. La femme s'occupe du foyer et de l'éducation des enfants. De plus, l'homme doit respecter et prendre soin de ses parents et ancêtres. La piété filiale et l'obéissance aux aïeux est un principe fondamental. Les hommes sont supposés prendre des responsabilités et développer des vertus tels l'intégrité, la droiture, la loyauté et l'honneur.

À l'adolescence, les garçons confondaient masculinité et virilité. Les plus « virils » étaient généralement les plus populaires. Cette mentalité m'intriguait. Je ne comprenais pas le charme des garçons virils. Suivant l'éducation que je recevais, un « vrai » garçon était quelqu'un d'honnête et responsable. Eux, je les méprisais : ils étaient souvent les premiers à prendre la fuite quand il y avait des ennuis. Et malgré tout, au fond de moi, je voulais quand même faire partie de leur communauté, et je jouais donc de temps en temps au garçon viril : j'employais un langage vulgaire, je jouais au football. Ce n'était malheureusement pas très crédible, et les moqueries persistaient : même mes colères leur paraissaient féminines.

Mes parents, surtout mon père, me disaient que je devais davantage fréquenter les garçons, sans jamais m'expliquer pourquoi. Je viens d'une famille de la classe moyenne, mes deux parents étaient fonctionnaires. Mon père, policier, chef de sa brigade, était très strict envers moi. Il n'avait pas fait de grandes études et considérait impérativement que je devais réussir. Ma mère travaillait dans le réseau ferroviaire et était beaucoup plus souple. Elle me soutenait, psychologiquement et financièrement, dans tous mes projets. Je peux dire qu'elle était ma plus grande groupie. L'école où j'apprenais l'anglais organisait très fréquemment des sorties et des spectacles et elle me laissait participer à chaque évènement alors que mon père y était souvent défavorable. Il trouvait que tout cela n'était pas nécessaire à l'apprentissage. Le seul apprentissage efficace selon lui était de s'asseoir devant son bureau et d'apprendre. Grâce à ma mère, j'ai pu découvrir le théâtre.

Je n'avais absolument pas une enfance malheureuse, loin de là, mais ma relation avec mon père était compliquée. Nous étions très distants l'un de l'autre, comme s'il existait un accord tacite de ne pas s'approcher. Mon père était un homme à l'humeur incertaine, ses réactions me paraissaient très étranges : il pouvait se mettre en colère pour un rien. La communication n'a jamais été sa grande force. Son seul moyen d'exprimer son mécontentement était de crier sur ma mère et moi. J'avais tellement peur de lui que j'étais persuadé qu'il ne m'aimait pas. Je ne lui tenais jamais la main, ne lui disais jamais « je t'aime ». Ma mère me confiait que mon père m'aimait à sa façon, je la croyais à peine. Avant la retraite, ma mère travaillait souvent de nuit. Me retrouver seul avec mon père me terrifiait. Un jour, j'essayai de suivre ma mère à son travail, malgré les réglementations. Nous étions devant l'entrée du portail. Mon père arriva trente minutes plus tard, me donna un grand coup de pied en m'injuriant, dans la rue. Cette scène a tellement marqué les témoins qu'ils m'en parlent encore dix ans après. Je ne cherchais jamais à comprendre pourquoi il m'éduquait de cette manière, je ne voulais pas savoir, c'était peut-être sa façon d'asseoir son autorité. Ma mère m'expliquait qu'il avait été éduqué de cette façon, que ce n'était pas facile pour lui de changer. Mais cette explication m'a toujours parue bancale.

Mon père et moi n'avions jamais de discussions sur mon rapport à la masculinité. Nous n'avions pas de discussions tout court. Nous pouvions rester à la maison toute une journée sans rien nous dire. Les seuls mots que nous échangions concernaient ce que nous voulions manger. Ma mère n'abordait jamais le sujet de la masculinité, elle était la personne la plus ouverte d'esprit de ma famille, sûrement parce qu'elle était la seule à avoir fait des études supérieures. Elle se préparait au concours pour être fonctionnaire d'État pendant sa grossesse. Deux mois après ma naissance, elle me quittait pour aller dans une ville à 4 000 kilomètres de chez nous pour finir ses études. Elle était la plus âgée de sa classe. J'avais une relation très fusionnelle avec ma mère. Nous aimions passer notre temps à discuter de tout et de rien. Elle connaissait à peu près toutes mes histoires et me faisait rarement des remarques. Ma mère m'avait déjà demandé pourquoi j'aimais bien jouer avec des filles. Je répondais toujours de manière floue. Elle pensait peut-être que j'étais dans ma phase de découverte de la sexualité. La seule remarque blessante provenant de sa part était « tu as vraiment parfois des comportements un peu féminins ».

Il y a ce dicton en chinois : 望子成龙，望女成凤 (wàng zǐ chéng long, wàng nǔ chéng fèng) qui, traduit littéralement en français, dit « espérer que son fils devienne un dragon, espérer que sa fille devienne un phénix ». Mes parents me le répétaient sans cesse.

Je ne sais pas si ce « manque » de masculinité a quelque chose à faire là-dedans, mais je découvris en seconde que j'étais homosexuel. Ce ne fut pas non plus une grande surprise. J'avais eu « une phase » hétérosexuelle au collège. Je parlais parfois des jolies filles avec les garçons de ma classe. Comme j'étais de nature curieuse, je voulais expérimenter « la vie en couple ». Les histoires d'amour étaient interdites dans l'établissement mais comme l'enseigne l'histoire d'Adam et Ève, le désir est d'autant plus fort qu'il est brimé. Mon premier *crush* fut une fille, j'avais douze ans. Elle est encore aujourd'hui la plus belle que j'ai jamais vue. Nous ne sommes pas sortis ensemble même si elle savait que j'étais attiré par elle. Peut-être n'étais-je pas assez attirant pour une jeune fille.

Durant mon année de troisième, j'avais un très bon copain. Il était drôle, intéressant et protecteur. Je ne sais quand, mais j'ai commencé à développer des sentiments pour lui. Cet ami était un « mauvais garçon », c'est ce qui m'attirait. Il me traitait comme son petit frère. J'avais besoin de ce genre d'attention. Je devenais jaloux quand je l'apercevais de loin avec d'autres personnes, filles ou garçons. Je ne me posais pas de questions sur cette petite « obsession » et l'attribuait à mon côté possessif. Au fil du temps, l'envie d'être avec lui devenait de plus en plus forte. Son sourire, sa démarche, ses expressions, tout m'attirait chez lui. Je ne lui avais jamais avoué mes sentiments, je n'osais pas le faire. Il était typiquement le garçon masculin dont je parlais précédemment.

Je commençai au lycée à assumer mon homosexualité. Je me considérais comme une personne super ouverte d'esprit, et ce grâce au fait que mes parents m'envoyaient dans une école le week-end pour apprendre l'anglais. Les premières personnes à qui j'annonçais cette nouvelle étaient mes amies proches. Elles acceptaient totalement qui j'étais. Les autres personnes de ma promo commençaient à l'apprendre petit à petit. Je dédaignais le regard des autres, je me disais que cela ne servait à rien de tenir compte de leurs insultes.

Ce qui m'aida à traverser la période du lycée. Toutefois, je me forçais à rentrer dans les normes et à gommer mon côté efféminé. Je me souviens qu'il y avait un autre garçon gay dans mon lycée, très maniéré. Il subissait beaucoup plus de remarques que moi. Nous ne vivions malheureusement pas dans un environnement favorable aux personnes LGBTQ+. La plupart des gens de ma ville ne connaissait peut-être même pas le terme « homosexuel ». De manière générale, l'attitude envers l'homosexualité en Chine est ambiguë : elle n'est pas illégale, a été retirée de la liste des troubles mentaux en 2001, mais il n'existe pas de lois antidiscrimination pour protéger les personnes LGBTQ+, et les mariages entre personnes du même sexe ne sont pas reconnus. Malgré le développement massif de l'économie, la société chinoise demeure largement conservatrice. Les normes sociales traditionnelles mettent l'accent sur le mariage et la continuation de la lignée familiale, ce qui conduit à la mise sous pression des personnes LGBTQ+ : il faut qu'elles se conforment, malgré leurs désirs, à ces attentes. La situation est plus supportable dans les grandes villes comme Pékin, Shanghai et Guangzhou, là où existent des communautés LGBTQ+ plus visibles et donc un peu plus acceptées.

Néanmoins, les représentations de l'homosexualité dans les médias sont souvent censurées. Les contenus en ligne et les émissions de télévision qui présentaient des thèmes LGBTQ+ peuvent être supprimés ou édités. Les plateformes de médias sociaux sont parfois utilisées pour la sensibilisation et le soutien, mais sont également soumises à une surveillance et à des restrictions gouvernementales.

Ce rapport à l'homosexualité est façonné par les normes traditionnelles de la masculinité ancrées dans la mentalité chinoise. Le confucianisme met l'accent sur des rôles de genre stricts. Comme je l'exposais précédemment, les hommes sont les chefs de famille, chargés de continuer la lignée familiale, ce qui impliquait donc généralement le mariage hétérosexuel et la procréation. Ceux qui ne correspondent pas à ces stéréotypes de genre peuvent être perçus comme faibles ou non conformes aux attentes sociales.

Les stéréotypes de genre n'ont jamais existé dans mon esprit, sûrement parce que j'étais ce garçon « non conforme ». Je ne trouvais jamais bizarre qu'un garçon porte du rose ou qu'une fille ait les cheveux aussi courts qu'un garçon. Chacun a sa façon de voir les choses, chacun a sa manière d'interpréter le genre, la masculinité. En tout cas pour moi, le comportement, le style vestimentaire, la personnalité ne peuvent jamais définir la personne. Nous voyons toujours ce que nous avons envie de voir.

Je m'appelle Qiyue, et c'était mon histoire.

Arthur Habib-Rubinstein

Un corps en forme de crime

Arthur Habib-Rubinstein est né en 2000 à Paris. Après des études d'économie et de philosophie politique, il se consacre à découvrir le monde.

La plus grande faute commise par les petits garçons violés, c'est de devenir des hommes, d'abandonner le contingent, les femmes et les enfants d'abord, pour se réfugier du côté des destructeurs. Le petit garçon est aussi innocent que la petite fille, aussi inoffensif, et puis d'un coup d'un seul, il se transforme, ses épaules poussent, son sexe se tend, la possibilité du crime. Les petits garçons violés sont les pires, parce qu'il n'y a rien de plus dangereux qu'un homme qui a souffert enfant, rien de plus dégueulasse. Ils ont reçu le crime et vont le restituer : chez les mâles, il n'y a que les enfants qui peuvent être victimes. Je ne voulais pas devenir adulte, je me sentais déjà assez intelligent, assez sérieux, et la perspective de quitter mon corps lisse pour un corps dur m'était insupportable. Je craignais l'adolescence, redoutais l'arrivée de poils qui marqueraient pour sûr une entrée en guerre contre moi-même, mon pubis, ma ligne Maginot. Je me souvenais avec horreur de son sexe adolescent, débordant de poils noirs, gorgé de sang, porté à ma bouche dans un jeu de rôle étrange : il n'était plus adolescent, il était un homme, je n'étais plus petit garçon, j'étais une femme. J'étais son amante. Et par souci d'égalité (il était politisé à gauche), nous avions interverti nos rôles : homme à sept ans, j'aurais dû lui défoncer la gorge à coups de sexe dur, puissant, mais il n'en fut rien. Mon sexe était minuscule et mou. Je n'étais pas comme lui. J'avais mal au ventre à force d'écarter ma bouche d'enfant pour que son sexe rentre et il avait traité le mien comme une paille en carton.

Un jour, j'ai eu son âge et la gaule. Je devrais m'en souvenir, respecter ma métaphore de la ligne Maginot, la frontière qu'on transgresse. Mais je ne me souviens pas de ma première érection. Mon combat contre mon corps d'homme n'a pas commencé par une déclaration de guerre. Et puis, se souvient-on vraiment de ses premières fois ? Le *junkie* qui vous raconte sa prise originelle, de l'émotion dans la voix, comme s'il savait depuis cet instant qu'il allait toucher l'enfer, c'est un cliché. La plupart des premières fois sont sans importance, tout au plus une reconstruction symbolique, la mise en scène d'un parcours. Je ne me souviens ni de mes premiers pas ni de ma première masturbation. J'ai la vague image de la surprise que provoque le plaisir, et d'avoir compris un peu mieux ce qui s'était joué pour lui. Le plaisir a créé avec lui une communauté des sens, une complicité de bande. Le plaisir s'est inséré en moi par surprise, il a colonisé mon corps, comme un rappel de sa présence. C'était ça, pour moi, devenir un homme.

Je savais déjà qu'il m'avait violé, viol est un des premiers mots que je me souviens avoir cherché dans le dictionnaire, je venais d'apprendre à lire, car je savais que quelque chose de grave s'était produit, que la frontière de ma bouche n'aurait pas dû être franchie. En trouvant le mot, j'eus le même bruit dans les oreilles, un sourd sifflement, et par association des sens, j'ai compris que c'était ce que je cherchais. Les mots, quand on est enfant, ont une valeur incantatoire. Un autre mot, dans ces temps-là, prit un sens concret, éjaculation. On l'oublie, mais les premières fois qu'on se touche, le plaisir est discret, il n'a pas encore l'envie de s'étendre, il n'est pas encore sûr de sa puissance. Je retrouvais un jour le liquide que j'avais découvert avec lui, ma main agitait son sexe lors d'un autre jeu de rôle : c'était ainsi, selon lui, que les monstres que nous incarnions communiquaient. Il n'y avait pas de place pour le doute, je devenais comme lui. Les poils, l'irrigation irrépressible vers le bas-ventre et le désir, brutal, totalitaire, la nuit, le jour, en cours, avec les copains, un désir aveugle, prêt à bouffer n'importe quoi, un désir qui lui ressemblait. Je le haïssais, sans pour autant cesser de le satisfaire, et puis il y avait les images qui s'imprimaient dans ma rétine, les pornos qu'on voit pour la première fois en groupe, expérience qu'on reconduit seul, et le dégoût et l'envie qui se mêlent, le rejet et le désir pour ce geste maudit, la fellation.

J'ai commencé par les garçons. Je crois que je m'inspirais de lui, je reconduisais ses jeux de rôle : un ami de mon âge, à quatre pattes, mimant la voix aiguë, caricaturée, d'une femme, et moi derrière, à me frotter contre lui, la main sur ses fesses chétives, comme un mec. Cet ami, puis un autre, ont déclaré leur homosexualité quelques années plus tard, et moi qui ai joué avec eux, je n'avais jamais pensé qu'ils l'étaient, que je pouvais l'être aussi. J'expurgeais quelque chose, je déversais une sexualité dont je ne voulais pas, dont je ne voudrais jamais, liée à ce corps qui jaillissait contre moi. Je ne transgressais rien, en mimant à douze-treize ans, sodomiser brutalement mes copains, ce n'était qu'un jeu.

Le désir me dégoûtait. La première fois qu'une fille tomba à genoux devant moi, lorsqu'elle mit mon sexe dans sa bouche, j'eus le sentiment d'étouffer, comme si la pression s'exerçait sur ma propre glotte. La première fois qu'une fille s'allongea face à moi, m'exhibant ce qui, dans son imaginaire, aurait dû agir comme un aimant, je partis en courant. La seconde fois, je restai mou, muet, et seule ma bouche marqua l'évènement : je vomis. Le plaisir était coupable parce que je l'avais subi, l'envie de retenir une tête contre son ventre, la contraindre à une proximité immobile, tirée en longueur, mon désir me dégoûtait. Au lycée, on apprit que je n'avais pas réussi à faire l'amour et, sans se moquer, des garçons me demandèrent comment j'avais pu rater une occasion pareille. Dans leur esprit, la seule chose qui les séparait de l'intimité des filles, c'était les filles elles-mêmes, et leur goût incompréhensible, injuste, pour un garçon comme moi, qui ne bandait même pas. Leurs bites en file d'attente, arquées, tendues, prêtes à servir enfin, klaxonnant derrière la mienne, toujours incapable de passer la première vitesse. À coups de médicaments, je domptais mon rejet physique, en parlant aux filles de ce qui m'était arrivé, je laissais mon sexe se durcir. Il fallut bien qu'un jour je réussisse, ce soir-là j'avais trop bu pour être tétanisé. L'alcool détruisait les barrières symboliques, j'acceptais le caractère brutal de mon anatomie pénétrante. Je ne jouissais pas, ou plutôt refusais de jouir, par défi, par désaccord : il n'y avait pas de moment où je me sentais plus homme que lorsque je couchais avec une fille. La plupart du temps, on habite son corps sans réfléchir, on utilise son sexe pour pisser, on passe et on s'oublie, la gravité de notre voix nous surprend lorsqu'on se racle la gorge. La sexualité vire tout et met la masculinité sur la table : Je suis un homme, je suis un corps menaçant, attirant parce que menaçant, mais je te montre qu'en même temps je suis digne de confiance, je contrôle ma brutalité, je l'ai stylisée. Je suis un homme, je sais jouer au mec, et je sais quand y jouer. Je suis homme donc je bande, je bande donc je jouis. Refuser de jouir, plonger de mauvaise grâce dans l'incarnation masculine et prendre plaisir à remonter sans toucher le fond. Refuser de jouir, maintenir une adolescence fictive, retarder le râle ultime. Entre les pins, elle me sourit avec inquiétude. Il fait chaud sous les étoiles, c'est le mois d'août, elle a peur parce que c'est sa première fois. Délicieuse adolescence, je me laisse aller. Le jaillissement me fait sursauter, mon sperme qui bave sur ses cuisses, sur mon ventre, c'est une première pour moi aussi. Je me souviens de cette première éjaculation pour son caractère terriblement cliché. On devrait peut-être compter les clichés qui jalonnent notre biographie et déduire la valeur de notre vie d'une fonction inversement proportionnelle à leur nombre. Le pire avec les clichés, c'est d'aimer les vivre.

Le verrou de l'éjaculation ayant sauté, je me vautrais dans le cliché du jeune collectionneur, j'agrippais des cheveux inconnus et les collais à mon nombril dans les toilettes des boîtes de nuit. Je devais avoir seize ans, je repris conscience quand elle relâcha avant d'étouffer. Je ne me souvenais pas de m'être isolé avec elle, je ne me souviens pas de son visage mais je l'imagine ni laide ni belle, un peu plus âgée que moi, tout entière dévouée à la lubricité du moment. J'ai retiré mon sexe de sa bouche, retour du dégoût, l'ai enjambée, titubé cul nul à l'extérieur des toilettes et de la boîte de nuit. Je devais me trouver ridicule, un peu tragique dans ce corps dont je déployais les attributs comme si j'étais un roi. J'avais toujours du mal à bander mais j'étais sûr de mes forces. Malgré la haine pour ce corps en forme de crime, j'aimais qu'il soit objet de fantasmes. Je traînais dans les bars gay pour prendre des remarques ou des mains au cul, j'aimais quand une fille que je ne connaissais que de vue prenait en photo mes fesses dans un pantalon bleu, quand une autre, et encore une autre, me laissait la raccompagner chez ses parents en plein après-midi pour me donner quelques caresses. Jouir dans une bouche devenait aussi fréquent que de fumer une cigarette, mais il aurait fallu qu'à chaque mégot jeté je lise un rapport sur les méfaits du tabac pour retrouver des sensations similaires.

Les jeunes adultes se complaisent dans la haine de soi, ils prennent des risques, se mutilent, prennent plaisir à l'échec. Le sexe seul avait pour moi cette nature corrosive. Un espace symbolique où la brutalité est souvent en arrière-plan : être un homme, libérer sa nature coupable selon les désirs de sa partenaire. Le crime est à un geste : « J'ai envie que tu me violes », j'avais vingt ans et je me suis soumis à cette demande étrange. La confiance absolue, demander d'incarner la bête qui attrape sa proie sous un pont, ignore ses cris, descend sa culotte et jouit à son rythme. Offrir le monstre et la terreur, l'incarner lui. Tout entière tournée vers l'envie de vivre une violence simulée, à l'image de ces garçons et leur amour des avatars de guerre, elle me suppliait de faire le mal. Devenir lui, une terreur et une envie, être à sa place, aller au bout d'une nature décidément criminelle. Mes mains d'homme contraignaient, mes oreilles d'homme restaient sourdes, mes reins d'homme s'imposaient, ma bouche d'homme volait. Après le jeu, elle était ravie, moi terrifié. La seule chose dont je me souviens est d'avoir eu peur de mes mains, de ces longs doigts puissants.

Une jeune femme engagée dans les luttes féministes de ma génération m'a dit un jour que, selon elle, pas mal des filles avaient une sorte de fantasme du viol. La mise en scène comme remède à la barbarie : le viol, joué cent fois pour qu'il ne soit jamais performé, ou reperformé. Le crime, inscrit au creux de mon corps, déterré par des désirs de jeunes femmes, et cette question, laissée sans réponse : me fait-on devenir un monstre ou me laisse-t-on l'espace de l'exprimer ? Je crois qu'il y a, dans le lit hétérosexuel, une passion partagée pour la monstruosité.

À la même période, un soir que je rentrais chez moi, frustré pour une raison futile, un joli garçon m'arrêta pour me demander une cigarette. Il était chétif et juvénile, j'étais large et poilu. Je compris assez vite qu'il voulait que je le prenne, dans la rue ou chez moi peu importait. Je n'avais pas touché aux garçons depuis longtemps, je devais avoir quatorze ans, j'avais rencontré un mec plus âgé, nous avions bu et fumé sur une plage et sous la nuit. Et nous nous sommes battus, j'avais du sang dans la bouche, il était plus fort que moi, et sa langue chassa mon sang. À vingt ans, les choses se posèrent différemment. Impuissant, sans prise sur mon existence, je me souviens m'être demandé « Suis-je capable de l'enculer par frustration ? ». Être un homme jusqu'au bout, enculer pour dominer, soumettre un autre homme à sa volonté. Mimer le viol, enculer pour le plaisir d'enculer, incarner le temps d'une gaule le pouvoir absolu. Plonger encore un peu plus dans les affres du masculin, les explorer avec lui, main dans la main, initiateur et initié, complices. Je décidai d'en être incapable et le laissa, déçu, continuer dans sa direction, opposée à la mienne.

Longtemps, je fus convaincu que je mourrais jeune, à l'orée de mes vingt ans. Ce n'était pas une source d'angoisse, mais une certitude, celle de n'avoir pas d'avenir. J'appris récemment qu'un garçon de mon lycée était mort, d'un cancer du sang. Il l'avait depuis son enfance, avait subi les traitements les plus lourds, mais après un certain succès, il avait fait une rechute éclair, cette horrible expression. Nous n'étions pas particulièrement proches mais sa mort m'a plongé dans une profonde tristesse. J'eus l'impression de perdre un frère. Il était obsédé par le sexe, notre unique sujet de discussion. Il vivait dans l'urgence de la découverte de l'intimité, redoutait de mourir avant d'être devenu un homme ; encore un cliché, qui agissait sur lui comme une malédiction. Je comprends aujourd'hui que nous suivions des trajectoires opposées : je n'étais pas malade mais j'étais persuadé que j'allais mourir, le plus précocement possible, mourir pour ne pas devenir un homme. Il était malade, luttait de toutes ses forces pour retarder sa dernière heure, pour être un homme avant de mourir. Récemment, un ami m'a dit que le viol était le pire crime qu'on puisse commettre et subir, c'est à lui que j'ai pensé avant de répondre qu'au moins, je n'étais pas mort à sept ans. Mourir avant que l'homme ne voie le jour, mourir adolescent, perclus de traces d'androgynie, une idée si ancrée en moi qu'elle prenait un caractère prophétique : mon corps s'épaississait, la grâce juvénile disparaissait, la mort approchait. Cette certitude créait une urgence vitale, il fallait que je mange, que je voyage, que je boive, que je me défonce, que j'essaie le plus de choses, le plus vite possible, le plus tôt possible, pour être sûr de ne pas avoir de regrets le jour final. L'ultime cliché, le plus honteux, la vie en fuite, la jeunesse et la mort. J'ai compris que j'étais devenu un homme le jour où j'ai eu peur de la mort. Cela m'a pris un matin, sans raison particulière, j'ai imaginé la fin et j'ai eu un frisson. La mort prochaine n'était plus une certitude, elle était une possibilité : elle était terrifiante. J'étais un homme et, même ainsi, je voulais vivre.

REMERCIEMENTS

L'éditeur remercie pour leur aide Alain Baraton, Lou Boré, Geneviève Damas, Laure Ducos et Nicolas Idier.

TABLE

DANS LA MÊME COLLECTION

Pierre André, *Elle s'appelait Lucia*, roman
Jérôme Bastianelli, *La Vraie Vie de Vinteuil*, roman
Xavier Bourgine, *Les Ultimes*, roman
Nicolas Cano, *La Séquestration*, roman
Philippe Costamagna, *Histoires d'œil*, essai – *Les goûts de Napoléon*, essai
Geneviève Damas, *Strange*, roman
Pierre Ducrozet, *Eroica*, roman
Natasha A. Fraser, *Harold !*
Alexandra Fritz, *Branques*, roman – *Les Évadés*, roman
Corinne Hoex, *Les Reines du bal*, roman
Oriane Jeancourt Galignani, *Hamadar*, roman – *La Femme-écrevisse*, roman – *Quand l'arbre tombe*, roman – *La Dernière Victoire possible*, roman
Géraldine Kosiak, *Chez nous*, récit
Vincent Jaury, *La Petite Bande*, roman
Joy Majdalani, *Le Goût des garçons*, roman – *Jessica seule dans une chambre*, roman
Clémentine Mélois, *Sinon j'oublie*, roman – *Dehors, la tempête*, essai
Sébastien Ministru, *Apprendre à lire*, roman – *La Garde-Robe*, roman
Laurent Nunez, *Si je m'écorchais vif*, essai – *L'Énigme des premières phrases*, essai
Loïc Prigent, "*J'adore la mode mais c'est tout ce que je déteste*", pépiements – "*Passe-moi le champagne, j'ai un chat dans la gorge*", pépiements – *Mille milliards de rubans*, essai
Joëlle Varenne, *Boulette*, roman
Revue Le Courage N° 1 *Littérature* 2015

Cet ouvrage a été achevé d'imprimer sur Roto-Page
par l'Imprimerie Floch à Mayenne en avril 2025
pour le compte des éditions Grasset
61, rue des Saints-Pères, 75006 Paris
info@grasset.fr

Mise en pages
PCA 44400 Rezé

PAPIER CERTIFIÉ

Grasset s'engage pour
l'environnement en réduisant
l'empreinte carbone de ses livres.
Celle de cet exemplaire est de :
250 g éq. CO_2
Rendez-vous sur
www.grasset-durable.fr

N° d'édition : 23582 – N° d'impression : 106602
Dépôt légal : mai 2025
Imprimé en France